法と哲学新書

法律婚って変じゃない？

――結婚の法と哲学

山田八千子　編著
安念潤司／大島梨沙／若松良樹
田村哲樹／池田弘乃／堀江有里

信山社

はしがき

法律婚や家族法は、わたしたちが生きていく上で大変重要で欠くことができない制度である、このことは、当たり前のことで、疑うべくもないことのように思える。婚姻の自由は、より多くの人に保障されるべきなのであると。でも、本当にそうだろうか。国家が提供する法律婚という制度を享受するという人が増え、あるいは、その制度が合意により構成、つまり契約化されれば、個人を尊重する、より良い世界が拡がるのだろうか。

近時、日本においては、婚姻制度に関わる、夫婦同氏強制、あるいは、いわゆる同性婚の定めを有しない民法・戸籍法の規定という結婚制度をめぐる訴訟が頻発しており、世間の注目を集めている。

まず、夫婦同氏強制規定については、最高裁判所大法廷が二〇一五（平成二七）年に合憲の判断を示した（平成二七年判決）後、続く二〇二一年（令和三）年の最高裁判所大法廷決定もこの平成二七年判決の結論を維持している。まさに進行中の論点としては、同性婚の憲法適合性の問題をめぐり、二〇一九（平成三一）年二月、札幌、東京、名古屋、大阪の各地裁に対し、いわゆる「婚姻の自由をすべての人に」訴訟が提起され、札幌地裁判決を皮切りに、大阪地裁判決、東京地裁判決、名古屋地裁判決が出された。二〇二三年までの地裁判決は、大阪地裁判決を除けば、いずれも違憲状態あるいは違憲であると判断するものであって、二〇二四（令和六）年三月には、違憲であるとする札幌高裁判決も出されている。争われた訴訟上の争点は、⑴同性間の婚姻を認めていない民法および戸籍法の規定の憲法第一四条一項、第二四条一項および二項の憲法適合性および⑵国会の立法作為または不作為の国家賠償法第一条一項の適用の可否である。これらの二類型の訴訟はいずれも学術界内外で様々な論争を起こしており、通底する争点たる「婚姻」の自由について、法律問題として本格的に論じる動きも盛んである。

これら一連の判例・下級審判決や論争が前提としているのは、法的な結婚制度としての婚姻の存在である。異性婚ではなく同性婚、同氏でなく別氏という異なる選択をしようとする個人が異性婚・同氏の選択をした個人と同様の尊重を受けることができるかどうかが焦点になっている。法律婚や婚姻の意義自体についての疑問はそこには明示的には示されていない。これに対し、婚姻の契約化や家族の契約化という主張をする者も増えてきている。

本書は、法律婚の境界が流動化し、婚姻の契約化、あるいは家族の契約化が真剣にとりあげられるようになった状況だからこそ、法律婚という制度そのものから考えてみることを提案する。法律婚による利益を享受する人々の範囲が拡がり婚姻の自由が拡張されることにより、法律婚の枠外にこぼれ落ちてしまうものはないのだろうか。もしそうであるならば、法律婚自体を疑うことにこそ意味があるのではないか。国家や共同体によって影響を受けてきた家族制度にこだわらないという選択肢は、どのようなものか。本書は、法律婚について真剣に考えるものであるが、この種の問題でしばしばとられがちな婚姻とは何かを出発点としない、逆に〈婚姻あるいは結婚とは何か、もしくは何であるべきかという視点からの議論の場を設定しないこと〉を出発点としている。

さて、本書の元になったのは、二〇二三年に刊行された『法と哲学』第九号（信山社）の特集「結婚の法と哲学」である。その特集では、法哲学・憲法学・民法学・政治哲学・倫理学の専門家が、いずれも法律婚から距離をとるという共通了解の下、それぞれの専門領域を生かして興味深い議論を展開している。本書は、その特集に掲載された論文を元にしている。本書の論考の多くは、新書判の刊行にあわせて元の論文に加筆し修正を加えたものであるが、アクチュアルに動いている問題であるが故に立法の動向に合わせたアップデートがされたり、元の論文になかった小見出しを加えたりすることで、読者により理解しやすくなっている。また、若松良樹の論考は、この新書用に新たに書き下ろしたものであり、特集の企画責任者である山田八千子の論考は、特集の企画趣旨を展開した内容となっている。各論考については、本書の構成の説明とあわせて、簡単に紹介をしておきたい。

法律婚をめぐる問題は、法の世界においても社会実践の領域においても高い関心を集めている。その中で、法律婚そのものを疑うという、いわば世間の流れに逆行するようなアプローチをとる以上、法制度から離れた原理的な哲学的視点からのいわば空中戦だけではなく、実践的な法制度内在的な検討も不可欠である。このため、本書は、第一部は法の世界から、第二部は哲学の世界から、という二つの世界から構成されている。

第一部では、「法制度」から結婚を考えると題し、いずれも法制度内在的な検討が試みられる。いずれの論考も、法律婚の廃止の主張と裏腹にある、家族法の契約法化とも呼ばれている問題を様々な角度から扱っている。

安念潤司の「暇人の暇な問い —— 法律婚や嫡出推定って、変じゃね?」は、憲法学を中心に実定法学等の論考を精力的に発表している実定法学者の安念が、かねてからの主張である「契約的家族観」に基づいた法的主張をストレートに展開する。法律婚としての婚姻は、婚姻の境界に拡がる様々な人的なつながり —— 安念の用語によると「ユニオン」という —— の中の一つのものにすぎず、特別な地位・特別な保護を与えるべきではないという主張である。もっとも、安念自身は、婚姻の契約化についての実現については、少なくとも日本社会の文脈では、いささか諦め的な心境にもあるようである。もう一つ、安念が呈する疑問は、標準的な家族モデルの重要なパーツである子どもの帰属についてである。安念は、生殖主義に基づく嫡出推定制度への批判をおこない、生殖主義と嫡出推定制度との抵触関係を鮮やかに描き出す。

大島梨沙の「民法から婚姻を削除するとどうなるか —— 民法における婚姻の機能とその代替可能性」は、安念の法律婚廃止論の主張よりも、もう少し慎重なアプローチをとる。法律婚の廃止論に真剣に取り組むのであれば、避けては通れない、しかしかなり厄介な難問である、民法から婚姻に関する諸規定を削除するとどうなるかという問題に正面から取り組んだ論考である。民法学者である大島は、婚姻を家族法から切り離すことに魅力を感じることを吐露しながらも、同時に、ある種の「戸惑い」を示す。日本における婚姻の法的拘束力の相対的弱さや夫婦内の弱者保護の不十分さに着目する大島は、法律婚廃止のような婚姻制度への大胆な発想転換を受け止める立法事実が存在するかどうかに目を向ける。民法から婚姻・配偶者・夫・妻にかかわる条項を削除するという、手間のかかるものの論証に説得力を増すために不可欠な営為に着手したうえ、結論的には、婚姻制度を完全に廃止することは難しく、一定の制度的側面や国家による介入が必要な場面は残るという結論を提示する。

山田八千子の「〈婚姻の契約法化〉を契約法から考える —— 契約・結婚・親密圏」は、契約法理論につき法哲学的アプローチをおこなう山田が、〈婚姻の契約法化〉について契約法理論あるいは契約法から、真剣に受けとめたときに生じる問題点について検討する論考である。法律婚の廃止は、婚姻を家族法ではなく契約法で扱うという提案とセットで語られることが一般的であるものの、同じ法律婚廃止の主張でも、結婚や家族の望ましいあり方について対等な当事者とみるのか、強者と弱者として格差是正をするべきなど、対立しうる論点があり、立場によっては、契約法に委ねたとしても、現在の家族法の規定とそう差がなくなるのではないかとする。また親密関係たる親密圏の一つである結婚が契約法に委ねられるのであれば、同じく親密圏に属する結婚以外の関係はどのように扱われるべきかについても、親密圏の意義に遡り検討がされる。

若松良樹の「ロールズにおける家族法と契約法」は、正義論の分野の著名な政治哲学者ジョン・ロールズの議論を用いて、結婚に関して、法は家族法を用いて規律をおこなうべきか、それとも当事者の合意を重視して、契約法の規律に委ねるべきかという問題を扱う。特定の道徳観の押しつけという危険にさらされてきた家族法の領域を契約法の規律に委ねるという動機に理解を示しつつも、家族には、契約法の前提としている「対等な個人の自由な同意」というモデルとかけ離れている部分があることも確かであるとして、家族法か契約法かという二者択一のどちらかに加担できない宙ぶらりんの状況であるとし、ロールズの理論という磁場において、宙ぶらりんの状況の意義を探求する。ロールズの理論では家族法と契約法の精緻な分析はなく、むしろ当該領域があいまいであることについてロールズが批判されている領域であることを確認しつつも、若松は、ロールズによる、家族法か契約法かという対立図式と異なる仕方で問題を捉えていることを手がかりにして、ロールズの理論が日本の論争に与える含意を示している。

法制度に比重が置かれている第一部に対し、第二部では、多様な結婚を「哲学」すると題し、まさに法律婚の枠に入らない多様な結婚に対して、原理的な考察がなされている。

政治学者田村哲樹の「熟議的な結婚」は、題名通り、熟議民主主義論の立場から解釈された「結婚」としての熟議的結婚（deliberative marriage）の構想を提示するものである。田村は、ブレイクの最小結婚を含む結婚の関する見解は、いずれも、「結婚とは何か？」という問題に答えを出そうとしている点で共通しているとし、この問題設定とは異なる視点として、熟議的な結婚という構想を打ち出す。本書の中でも、最も徹底して結婚とは何かという問題から出発していないという論考である。田村によれば、何であれ「結婚」と呼ばれ得たり見なされ得たりする関係には、熟議が必要であるとされる。田村の専門である熟議民主主義論としての政治理論を「結婚」へ適用したことにより拡がる地平について、法制度という枠を超える大きな一歩を踏み出している。第一部、とりわけ安念、大島、山田が無意識に前提としていた法的思考の枠をとりはずすような破壊力を持っている。現在ある制度にとらわれがちな者たちにとっては、一瞬自由になったかのような緊張がほぐれる瞬間を楽しむことができるだろう。

池田弘乃の「『結婚でないもの』とは何か」は、田村の破壊力を超えるような大胆な論考である。池田も、一般に投げかけられがちな問い、結婚とは何かでなく、結婚でないものとは何かという問いから出発する。同性婚に関する訴訟の地裁判決文を挙げ、これらの本質の把握や設定から始まる議論とは認めつつも、あえてその本質にかかわりあわず、世の中におこなわれている結婚や結婚のようなものを謙虚に見据える戦略をとる。歴史学や人類学の知見を用いた「結婚」と呼ばれてきた様々なもの（神、死者、植物、物、自分との結婚）を分析したうえ、池田氏自身は結婚の本質が何かという議論から解放され、ある関係に法的保護を与えるべきかという仕方で十分であるという道を提示する。また、結婚から離れる道筋として、司法による現行法の憲法適合性を含む解釈論に加え、立法の場の重要性、司法と立法の協働可能性について探っている。

堀江有里の「家族主義の再生産と宗教の協働 ―― クィア神学から『結婚』を考える」は、〈反婚〉の立場を取る倫理学・クィア神学者の堀江氏が家族主義というイデオロギーに対抗する戦略を模索し、婚姻制度を中心とした家族制度の解体を理論的にも実践的にも検討し続けるべきというラディカルな提言へといたる論考である。結婚・離婚と宗教の問題は切り離すことはできない。ただし、教会によるいわゆるカノン法が結婚・離婚について管轄権を有していることが示すように、結婚に関わる宗教とりわけキリスト教との関わりは、日本とは大きく異なる。堀江の論考では、西欧ではなく日本の文脈における宗教と婚姻の議論や日本に特徴的な ―― 日本流の家族イデオロギーと結びついた ―― 身分登録制度としての戸籍制度が扱われている。いずれも結婚の法と哲学を扱うに際し扱わざるを得ない重要な論点であるものの、従来の議論では、必ずしも正面から扱われてこなかったものである。

本書のタイトル『法律婚って変じゃない?』は、「法と哲学新書」シリーズ第一弾『タバコ吸ってもいいですか』、第二弾『くじ引きしませんか?』という問いかけの形を踏襲している。タイトル自体は、安念の論考「法律婚って変じゃね?」の表現を、安念の承諾を得て、全体のタイトルとして使わせていただいた。法律婚をめぐる様々な論争の中で、法律婚自体から距離をおいた考察を行いたいというメッセージ性を有することが選ばれた理由である。本書のいずれの論考も、家族や結婚の契約法化という波の中で、そして夫婦同氏強制や同性婚という極めて実践的な問題に議論が集中している中で、様々な角度から、結婚制度をめぐる、より原理的な考察を試みている。たとえば実定法学者と政治哲学者では、論証の仕方やアプローチはかなり異なっているが、こうした多様な学問領域の研究者が、法制度(今回は法律婚)という一つの軸を共有して論じる場を提供できるのが「法と哲学新書」の特徴である。多くの人にとって何らかの意味で未だ身近にある法律婚について考える機会になれば幸いである。

山田　八千子

目次

法律婚って変じゃない？

——結婚の法と哲学

■第一部 「法制度」から結婚を考える

1 暇人の暇な問い
――法律婚や嫡出推定って、変じゃね？

安念潤司

I 法律婚って、変じゃね？

1 虚仮(こけ)の一念で法律婚廃止を唱える

私は、これまでに次の二編の論文（のような気が自分ではしているもの）、すなわち、

(a)「家族形成と自己決定」『現代の法14 自己決定権と法』（岩波書店、一九九八年）

(b)「『人間の尊厳』と家族のあり方」ジュリスト一二二二号（二〇〇二年五月一・一五日

号）

を書き、苦し紛れに「契約的家族観」なる概念を捏造して法律婚制度を廃止すべきだ、と唱えた。本稿は、(a)から数えれば四半世紀ぶりの続編である。以下では、民法で定義された婚姻を「法律婚」と呼び、法律婚をも含めて、その周辺に明確な外縁なく広がるさまざまな人的つながりを、漠然と「ユニオン」と呼んでおくこととする。ここでのユニオンとしては、概ねこじんまりした規模のもので、何ほどか intimate な関係が中心となるものを想定しているが、構成員の性や人数、ユニオンを形成する目的意識の有無や内容を問うものではない。当然ながら、性愛が存在する場合も存在しない場合も、包含するものとする。

行論の便宜上まずは、上記(a)、(b)の要旨を掲げる。

① 個人の自己決定権を尊重するのであれば、ある特定の形態のユニオンのみに特別の地位・特別の保護を与えるべきではない。

② 家族関係の形成を各人の自由に委ねるとは、とりもなおさず、それを契約関係に委ねることである。

③ ユニオンの無期限性・無条件性は否定される。

④ パートナーの選択も無制限に自由となる。

⑤　法律の役割は、標準的・正統的なユニオンを定立して人々をそこに向かうよう慫慂することではなく、締結された契約をエンフォースすることに止まる。

出任せを書いたといわれれば、それまでの話しで、当時すでに「不惑」をいくつも越えていたのだから、「若書き」の言い訳も通用しまい。それでも、世相の推移とは不思議なもので、後述のように、単なる出任せともいえなくなってきた。

2　なぜ法律婚を廃止すべきなのか

私の契約的家族観すなわち法律婚廃止論の主たる論拠は、もちろん上記の①であるが、それ以外にも、次のような事情が附随的に存在する。

■フリンジベネフィット多すぎ

第一に、婚姻に伴って配偶者双方に、《婚姻のフリンジベネフィット》とでも呼ぶべきさまざまな特典が与えられている。民法自体が規定する、相続、配偶者居住権、遺留分、婚姻費用の分担、離婚に際しての財産分与、等はしばらく措くとして、こうしたフリンジベネフィットは、国民年金の第三号被保険者や所得税法上の配偶者控除から始まり、減ったとはいえいまだに多くの企業で採用されている配偶者手当・家族手当を経て、携帯電話の家族割の類いに至るまで、ほとんど無数にある[1]。これらは、配偶者である、つまりは過去に婚姻届を提出していまだ離婚届を提出するに至っていない、というただそれだけの理由で与えられるのだから、私には不思議としか思えない。一部のフェミニストが、女性の従属性を固定化するものとしてこの種のフリンジベネフィットに強く反対してきた[2]のは、当然である。

■何のためにあるのか、はっきりしない

第二に、法律婚が何のために存在しているのかが、分かったようでよく分からない。お前に学問がないから分からないだけだ、といわれてしまえば、それはそれで否定のしようもないが、はっきりした説明がどこかでなされているのであろうか。言葉の通常の意味で結婚といえば、ヘテロセクシュアルなカップルが、愛ある共同生活を営み、子供をつくって養育することを目的としている、と一応は誰しも答えるであろう。しかし、こうした目的を達成する上で、法律婚という制度が是非とも必要といういわれはないし、また民法も、愛情や子づくりを婚姻の成立・継続の要件とはしていないから、愛もなく子供ももたなくても、法律婚は何の支障もなく成立し継続する。それでも民法は、不貞を離婚原因の一つとし、判例は、

不貞を働いた一方配偶者のみならず、その相手方にさえ損害賠償義務を課しているところを見ると、独占的な性愛関係こそが法律婚の目的であるかの如くである。してみれば、愛もなく子供もつくらず、《反復継続してエッチします》というだけの関係でも判例法理が適用されることになろう。しかし、こうした関係までなぜ保護しなければならないのであろうか。[3]

ただ、この《目的不分明》論は、法律婚廃止論にとっては躓きの石となるおそれがある。《それなら現行民法を改造して、子の養育といったはっきりした目的をもたせた婚姻法を作れば文句はなかろう》、という返り討ちに遭うからである。法律婚の主要な効果あるいは帰結は、嫡出推定にあるという、ある意味であられもない見解は、言語化されるか否かはともかくとして、法律家の世界で広く共有されていると思われるので、後に触れることとする。

■エラい先生方も、法律婚廃止を唱え始めた

私の法律婚廃止論は、上記のように四半世紀も前に唱えたものである。その後、自分自身の子育てが大変になって、他所の家族の心配などしている余裕もなくなったが、この間、何人かの論者が、法律婚の廃止を唱えるに至った。まずは森村進が、現行法の一夫一婦制の法律婚はリバタリアン的な中立性と相いれないので廃止すべきである、と述べた。[4]また堀江有

里は、〈反婚〉という概念を提唱した。〈反婚〉とは、堀江の暫定的な定義によれば、「『結婚』をめぐる法制度での保護や、それを支える社会文化的な価値観を問うこと、また一対一というユニットを中心として『家族』を形成することを〝当たり前〟とするあり方を問うこと」である。[5] さらに最近では松田和樹が、愛を貫くためには婚姻制度を廃止する方がよい、と主張した。[6]

3　脱力しつつ同じ主張を繰り返す

■各人、好き勝手に振る舞えばよい

こうした私よりはるかに学識も影響力もある大将株が歩武堂々の進軍を始めたとあっては、子育てにかまけていようがいまいが、私のような足軽風情に出番はない。その上、結婚と家族形成の自由をテーマとした雑誌の特集が組まれるなど、議論が活況を呈するようになると、お約束通り、話がどんどん高尚になり、昨今では、《法制度的権利説と社会制度的権利説との対立》などという難しい言葉を使わないでは議論に入れてもらえそうになくなったので、鬆の入った老残の脳味噌では到底太刀打ちならず、議論にろくに参入した覚えもないのに撤収にかかったのであった。然るに図らずも今回、尊敬する同僚、山田八千子教授か

ら、本書のもととなった『法と哲学』第九号の「結婚」特集に何か書けという依頼をいただいた。そこで行き掛かり上、冒頭の旧稿[7]を読み返してみたところ、ふた昔も前の自分の文章の未熟さに顔から火が出る思いをするかと思いきや、馬齢を重ねて厚かましくなったせいもあろうが、大きな修正の要は感じなかった。四半世紀前と同様、私は今も、各人各様、要するに好き勝手に振舞えばいいではないか、と考えており、こういう捨て鉢な態度をとるとなると契約的家族観＝法律婚廃止論にでも漂着するしかないからである。もちろん、人格の自律、自己統治・自己実現、善き生の構想などといった高尚な目標を持ち合わせた主張ではないので[8]、自分の立場を自由主義などと僭称するのはさすがに憚られる。敢えて名前を付けるとしても、脱力系とでも呼ばれるのが関の山であろう。ただ、脱力系で何が悪いのかよく分からないし、また脱力系の当然の帰結として、自立を嫌い他人に依存して生きていきたい、と思うならそれも勝手である。

■国家は無関心を装うしかない

この四半世紀の間、ただ脱力し続けていただけなのだから当たり前だが、私の思考には何の進歩もなかったけれども、世の中は当然ながら変わった。同性婚の問題の顕在化は、そうした変化の中でも重要なものの一つであろう。もちろん脱力系としては、いかなる形態のユニオンの特権化にも反対した手前、同性婚の制度化（法律婚化）にも賛成できない。論理的には、制度化を求めるユニオンの形態が顕在化するごとに個別対処する、という方法も考えられるが、おそらくは応接に遑なき有様となろうし、対処の内容に微妙なグラデーションが生じて、平等原則との関係が問われよう。国家としては、いかなる形態のユニオンに対しても、平等に無関心を装うに如くはない。

もともと契約的家族観は、法律婚が随伴する権利義務の束が、契約によって代替できることを前提としている。確かに、例えば日常家事債務の連帯責任（民法七六一条）は、契約で完全に代替することは難しいが、この点がユニオンを維持する上で大きな障害になるとは考えにくい。相続に関しては、遺留分という厄介な問題はあるものの、生前贈与・遺贈によっておおむね代替できるであろう。脱力系としては、同性婚であれ何であれ、有難味のはっきりしない法律婚の制度的枠組みに縛られるよりも、契約でユニオンを形成・維持（あるいは解消）した方が、むしろ当事者にとって利益になると思う。

■承認欲求は厄介だ

しかし、我ながら浅慮であったと反省するのは、まさにこの点である。人によっては、自己あるいは自己と属性を共有する集団を国家が承認してくれることと引き換えに、新たな義務を引き受けることとさえ厭わない。その承認が直接には（とりわけ金銭換算可能な）具体的な利益をもたらさなくても、である。これは日頃学生に、「人生でぶち当たる問題には二種類あって、カネで解決できる問題とどうやっても解決できない問題だ」などと教えている拝金主義者からすると、俄かには諒解しかねる心性であるが、国家による承認それ自体が死活の利害だと考える人々がいるのは間違いない。

日中戦争たけなわの一九三九年、戦意昂揚をも目的として、映画上映の事前検閲制を含む映画法が制定されたが、業界には、やくざ稼業と思われてきた自分たちもこれで真っ当な商売としてお上から認められた、と歓迎する空気があったという。私は数年前に政府内で、いわゆる「民泊新法」の骨組みづくりにかかわったことがあるが、《お上から厳しく規制されていてこそ、一丁前の業界だ》という心性の持ち主は、関係者の間で珍しくなかった。そういえば二〇二二年九月の安倍元首相「国葬儀」においても、世間では左翼系と見られている学界の大家が、半日以上も、鋼鉄製の堅いベンチに座らされて身動きさえままならぬなか、それでも結構ご満悦の表情に見えたものである。何よりも、自分の足許で起こったロースクール騒動を忘れるわけにはいかない。法学教員がロースクールに配属されれば、賃上げなき労働強化になるのは明白であったのに、開設に向かって骨を折る人が多数いたが、これも、双方向授業だの厳格な成績評価だの、迷惑千万な義務を背負い込むのと引き換えに、予備校ではなくロースクールこそ法学教育の王道だというお上のお墨付きを拝領して、承認欲求を満たしたのであろう。近年では、司法試験の出題者が学生に依怙贔屓していないか後々検証するために、自分の授業を録画させられていると聞く。心に染入る哀れ深い話というほかない。ほとんど奴隷の如き奉仕をしてまで、出題者たらんとするのは奇特の至りであるが、不遇を託つ者の承認欲求の強烈さを軽んずるのは禁物である。そして、この欲求を操作することで、「力をも入れずして天地を動かす」ほどの功徳はなくても、国家は、ほとんどコストをもかけずして国民を馴化できる。ことは、同性婚の制度化に見え隠れする承認欲求――その真摯さと切実さには、私とて、いささかの疑念も差し挟むものではないが――にあっても、同じである。心せねばなるまい。

〔安念　潤司〕

4　私の法律婚廃止論は、何でない・か・

■家族制度廃止論ではない

脱力ついでに、二、三、断り書きをしておく。

私は、法律婚を廃止すべきだという、いとも控え目な主張をしているだけで、結婚とか家族とかいった社会制度それ自体を廃止すべきだ、などという大それた主張をしているのではない。周知のように、プラトンから始まって西欧のユートピア思想にはしばしば、妻や子の共有、つまりは《家族の社会有》とでもいった思想が見出されるが、所詮は夢物語に終わった。そもそも、結婚や家族が崩壊する様を何度見ても、ちょうど国家が戦争を繰り返してきたように、人類は性懲りもなく同じ轍を踏んできたのだから、今後も、なくそうと思ってなくせるような代物ではなかろうし、どうしてもなくさなければならないほどの困りものでもない。要するに、各人の選択に委ねるほかしようがないし、またそうすればよいのである。

■「価値観の多様化」をたたえているのではない

また私は、価値観の多様化に合わせて法律婚を廃止せよ、と唱えているのでもない。大

〔安念　潤司〕

体、いかなる失政や醜聞があっても、毎回毎回選挙のたびに自民党が大勝し、我ら愚民挙って天壌無窮の党運を扶翼している国柄で、いかにして価値観の多様化などが可能なのか。とりわけ家族の領域では、法律婚（したがって嫡出子）に対する日本人の執着の強さは相変わらずだし、性役割分担意識も衰えを知らない。これと戸籍に対する、何とも名状し難い、粘りつくような妄執とが表裏一体の関係をなす。つくづく日本人は変わらないと思う。

■世の中を良くしたいのではない

さらに私は、改良主義に立つわけでもないので、法律婚を廃止すれば艶福に恵まれるとか、金運が巡ってくるとかと主張するつもりもない。法律婚があろうがなかろうが、人生にそういいことは起こらないであろう。私を含む大抵の人間は弱いもので、いくら好き勝手に生きてよい、といわれても、他人との（必ずしも性的関係に限られるものではないが）intimateで継続的なユニオンを築こうとする。そうでなければ、心の安定や充足あるいは生き甲斐といったものを感じられないからであろう。しかし親密圏は同時に高ストレス圏でもある。家族はじめ親密圏でこそ殺人が多いのは、そのためかと思われる。フェミニズムの闘将、クローディア・カードは、法律婚制度がもつ最大の、そして是正不可能な弊害として、一方配偶者が他方配偶者に対し、その身体、財産、生命にアクセスする法律上の権利が付与されているために、当該他方配偶者（もちろん、大抵の場合は妻であろうが）には身を守る術がなく、ために虐待、強姦、殴打、ストーキング、暴行さらには殺人から保護され難くなる、と指摘している。[9] 被害妄想気味に聞こえるが、真実の一端を突いていよう。そしてこの指摘は、法律婚であろうがなかろうが、おおざっぱに「結婚」あるいは「家族」と呼べるだけの実質を備えた親密圏に当てはまるのではなかろうか。葛藤、それもしばしば強度の葛藤を伴わない親密圏といったものは、あっても稀であろう。[10] 法律婚が当事者、とりわけ夫の責任感を増強する働きが何程かあるかも知れないが、同時に法律婚は、いかに離婚がありふれた現象になっているとはいえ、依然として無期限性を建前としているために、暴力を伴うような葛藤状態を遷延させる効果、換言すれば、一方配偶者が婚姻を解消するのを逡巡させる効果もあろう。よいことづくめ、などという制度は存在しないのである。

■立法論ではない

以上から明らかなように、私は別に立法論を語ろうと意図しているのではない。法律婚制度は広く深く定着していて、これを欠く社会を想定するのは難しくなっているし、結婚願望が希薄化しているとはいえ、国民のマジョリティーは、依然として法律婚を人生で一度は経験しているのであるから、制度の廃止に格別のメリットを見出さないであろう。そこに、上記のフリンジベネフィットが加わるのであるから、法律婚制度の守りは鉄壁である。私は今世紀に入ってからほぼ一貫して政府内で規制改革の仕事に携わり、何の因果か、直接政治家や業界団体と折衝したり、議連などで吊るし上げを食ったりしてきたお蔭で、およそ制度というは、それが法律に根拠を置く場合はもとより、政省令や通知・通達の類いに根拠を置くものであっても、改変することがいかに困難であるかを身をもって思い知らされた。農地を取得できる法人の要件を緩和してくれというささやかな要請でさえ、優に十年以上も行きつ戻りつの議論を繰り返しているのであるから、経路依存性やら既得権やらで雁字搦めになっている法律婚制度に至っては、これを廃止しようとしても、土台無理な相談である。

〔安念　潤司〕

■憲法論でもない

念のために申し添えておくと、ここでの議論は憲法論ではない。日本の法学業界の摩訶不思議なところは、二十代の半ばである分野を「専門」として選択すると、死ぬまでそこに棲息し続けなければならないという業界ルールが強固に生きていることである。「本籍」へのこだわりと呼んでもよいであろう。こうしたこだわりを持つ人が一定数いても不思議はないが、ほとんど全員がそうとなれば話しは別である。この結果、憲法、民法、その他いかなる「専門」分野であれ、当該分野に関する一定の知的水準を保った言説を憲法論、民法論等々と呼ぶのではなくて、逆に、本籍が憲法学者である者の言説を憲法論と、民法学者である者の言説を民法論と呼ぶようになった。丸山真男の古典的な二分法をいまさら持ち出すのも気が引けるが、「すること」よりも「であること」に異常に執着するのである。証明できることではないが、こうした本籍主義は、私には部落差別と通底する心性であるように思われる。しかも、ここから先が世渡りの上で肝腎なところであるが、一旦ある「専門」分野、例えば憲法なら憲法を選択したが最後、一生その中に跼蹐して過ごす定めで、他の専門分野に口出しするのは御法度である。[11]こうした「であること」の世界の中で私は、一応「憲法学者」という本籍を付与されているらしく、そうとなると本籍主義の帰結として、私の語ったことは定義上、憲法論の一部を構成することになる。しかし私の廃止論は、法律婚制度が憲法のかくかくの条規にこれこれの理由で違反している、といった類の典型的な憲法論を目指してはいないし、現行の法律婚制度が違憲だとも思っていない。ただ単に、法律婚制度に賛成できない、と繰り言を並べているだけである。

〔安念　潤司〕

5　結局のところ、何が言いたいのか

こう書いてくると、《お前の脱力ぶりはよくわかったが、それにしても家族廃止論でなく、価値観多様化論でなく、社会改良論でなく、立法論でなく、憲法論でなく、ないない尽くしの中で法律婚廃止論を唱えてみても、ただの与太噺でしかあるまい》、というお叱りを頂戴しよう。なるほど与太噺には違いなく、そこを自覚しているからこそ、自ら遜って、本章を《暇人の暇な問い》と題したのであるが、しかし、人間世界で生ずるさまざまなユニオンの中で、なぜある特定の形態だけを抽出してそれを公認し、特別の権利義務を当事者に与えるのか、という疑問は与太噺とはいえ、まるで箸にも棒にもかからないようなものであろうか。学識ある諸賢の御教示を乞いたい。

Ⅱ　嫡出推定って、変じゃね？

1　摘出推定にも難癖をつける

すでに述べたように、法律婚の意味が那辺のあるのか分からない、という問いに対して、世間の矩を守り抜かりなく人生を歩んできた人々からは、「現在でもなお、男女が安定した関係の下で共同生活をしながらその間に生まれた子を養育することを保護する婚姻の目的の意義は何ら失われているわけではない[12]」、という有難いお諭しを賜るであろう。このお諭しに法律婚制度を重ね合わせて突き詰めていくと、「嫡出子、なかでも嫡出否認を含めた意味での嫡出推定の仕組みこそが婚姻制度を支える柱[13]」である、という認識にたどり着く。しかしこれは、嫡出推定を可能ならしめるためには法律婚制度が必要であり、法律婚制度があれば嫡出推定が可能になる、という一種の循環論法であって、どうして嫡出推定制度が必要なのか、こそが答えられるべき問いなのではなかろうか。前節で《法律婚って、変じゃね？》、と毒づいた手前、「嫡出推定の仕組みこそが婚姻制度を支える柱」と畳みかけられれば、嫡出推定にも難癖をつけてはじめて平仄が合うというものである。

〔安念　潤司〕

2 「生殖主義」を支える条件は何か

生殖技術の発達は話を多分に面倒にしたが、それでも、子の発生には一対の生殖細胞が必要であるという事態に変わりはなさそうであるから、当該生殖細胞の主を、妙な言葉遣いであるが、雌雄をひっくるめて「生殖者」と、精子の主を「生殖父」、卵子のそれを「生殖母」と呼ぶこととにする。一方、生殖父であるか否かを問わず、嫡出推定制度によって父と指定される者を「推定父」と呼ぼう。

さて、くだくだしく説明するまでもなく民法は、生殖母を法律上の母と、生殖父を法律上の父とする原則に立っている。こうした生殖者を親と定義する考え方は、血縁主義、真実主義などさまざまに呼ばれるようであるが、ここではより端的に「生殖主義」と呼んでおくこととする。

■「生殖者」を確定できるか

生殖主義を法制度の上で貫徹しようとすれば、一定の条件を満たす必要がある。その第一は、生殖者を一意に確定することが技術的に可能であり、かつ、過大なコストを要しないことである。周知のように、非嫡出子の認知について民法七七九条は、父と母とで規定振りに全く差を設けていないのに、分娩の事実だけで法律上の母子関係が生ずる、と説かれてきた。まさに生殖主義そのままのドグマであるが、これは上記の第一の要件を満たしているであろうか。確かに分娩を通じて生殖母とその子とは一意に紐づけられるが、その紐づけとて、簡単に見えて実はゼロ・コストなのではない。近時、高齢出産などのハイリスク妊娠が増え、総合病院では、産婦人科医、小児科医、看護師、助産師などがチームを組んで周産期医療に当たっているが、それでも分娩のその瞬間を目撃する人は、妊婦本人のほか、数人ないし十人程度を出ることはないと思われる。それに新生児は、多数の新生児に紛れてしまうと肉眼での個体識別は、少なくとも私自身の経験に照らせばなかなか難しいはずで、分娩の瞬間の目撃者であっても、当該新生児と同定できるものか疑わしい。今日では、分娩直後、母子分離前のできるだけ早い時期に、児に二か所以上の新生児標識を装着し、母にも同じ標識を付け、標識を照合して母に児を引き渡す、という慎重な手順が普及しているようであるが、そのことは、そうまでしなければ、かつて報道を賑わせた「赤ちゃん取り違え」のような事故を防ぎ切れないことを物語っている。

生殖父とその子との関係についても、同様のことが当てはまる。周知のように、プロトコルをきちんと遵守すれば父性を（ほぼ）確実に確定するＤＮＡ型検査の技術が確立されており、ポリメラーゼ連鎖反応法（いわゆるＰＣＲ法）を考案したノーベル賞受賞者ケアリー・マリス（Kary Banks Mullis, 1944～2019）の偉大さが改めて想起されるのであるが、やはり、多少の身体的侵襲を伴う、プライバシー上の懸念がある、心理的に障壁がある、などの問題が消えてなくなるわけではない。

■「生殖主義」は受容可能か

満たすべき条件の第二は、生殖主義が道徳的・倫理的に受容可能なことである。父・母あるいは親とは、単なる称号や身分ではなく、子を養育する義務の帰属点を示す言葉だと思われるが、ではそもそもなぜ生殖者は、自分の生殖行為によって生まれた子を養育しなければならないのであろうか。この点について多くの議論が主として哲学・倫理学方面でなされてきたようであるが、その主眼は、誰に養育の権利があるか、という点に置かれてきたように思われる。翻って、生殖者の養育義務については、松田和樹が「因果的責任〔説〕」と呼ぶ考え方を、多くの人が深く考えもせずに受け入れてきたと考えられる。因果的責任説とは、「子の誕生を因果的にもたらし得る行為を行った者――典型的には性交における膣内射精を行った者――はその子を養育する義務を負う」という考え方であり、裏返せば、「性行為をした結果として相手を妊娠させた者がその子の養育をしないなら、それは自身の行動の因果的帰結に対して無責任な行いである[14]」とみるものである。

3　「生殖主義」は貫徹すべきものか

■「生殖父」は、いかなる場合にも妊娠の責任を負うのか

私はこの考え方に――世の大抵の人と同様に、深く考えもせずに――同意するのであるが、ただここでいう因果は、法律論の次元で語られる以上、単なる自然的な機序としての因果関係、すなわち、「性交における膣内射精」を行いあるいはされた結果、子を懐胎し出産した、というに止まらず、その行為が懐胎・出産をもたらす可能性があることを認識し、それを積極に希望しあるいは未必的に受け入れる、という主観的な要素を含むものとならざるを得ないのではなかろうか。しかしそうとなると、生殖主義には一定の限定を加えなければならないであろう。強制性交による懐胎・出産についても、被害者である生殖者に子の養育義務を負わせることは、私には人の道に反するとしか思えない。障害や疾病などによって生殖当時、生殖のメカニズムを理解していなかった者についても、同様のことが当てはまるで

あろう。また、生殖の意図なく、かつ、受精を回避するための措置を取った上で性行為を行った者も免責されなければならないのではなかろうか。例えば、相当の注意を払って避妊具を装着したのに当該製品にたまたま瑕疵があったために子を懐胎し出産した場合や、女性が、避妊の十分な措置をとっていると男性に申し向けて性行為に及んだところ、実際にはとっていなかったために懐胎・出産に至った場合も怪しくなる。望まぬ妊娠の責任が《ほぼ》男（生殖父）にあるのは確かであろうが、《例外なく》とまで言い切れるものではない。加えて、かりに自由意思に基づく性行為に基づいて妊娠した――したがって因果的責任を負う――女性にも人工妊娠中絶を選択する自由があるのだとすれば、同様の選択の自由[15]が男性にも与えられなければバランスを欠くであろう[16]。

このように生殖主義とて、技術あるいはコストと道徳・倫理との両面で問題含みなのであるが、生殖主義が親子法を支配してきたのは、親とはとりもなおさず生殖者である、という命題の単純な力強さには抗すべくもないからであろう。しかしそうすると、新たな疑問が生ずる。生殖主義にそれほどのパワーがあるのなら、なぜ嫡出推定制度を完全に駆逐しないのであろうか。確かに最近までは、生殖父である否かを判定する確実な技術がなかったのだから、父子関係は推定するしか方法がなく、好むと好まざるとにかかわらず嫡出推定制度に拠らざるを得なかったが、ＤＮＡ型検査の技術が確立された今日、嫡出推定という多分にあやふやな制度を維持する必然性はなくなったと思われる。してみれば嫡出推定制度には、今日なお存続せしめられるだけの効能がある、と考える向きが少なくないのであろう。しかし果たして、本当にそうした効能があるのであろうか。

■摘出推定の「外れ事象」のコストは高すぎ

法律の世界に、推定規定は珍しいものではない。蓋然性の高い事象を抜き出してひとまずデフォルトルールを設定し、異議のある者には都度反証させる、という仕組みを設ければ、社会的なコストを低減できる場合があろう。婚姻中に懐胎した子が夫の子である蓋然性は（調べたわけではないが）高いであろうし、出生のたびにＤＮＡ型検査を洩れなく実施するのも、プライバシーの問題を含めて社会的なコストを高くする。ならば、ひとまず夫の子とするというデフォルトルールを設定するのは、合理的に見えるが、果たしてそういえるだろうか。私はそうは思わない。それは、「外れ事象」が生じた場合に当事者が負うコストが、あまりに高くなる可能性があるからである。

あなたは誰かの、茶呑み友達である、恋人である、ビジネスパートナーである、碁敵である、無縁の人である、等々と国家から指定されたら、《そんなことを勝手に決めてもらっては困る》、と憤るであろう。さすがに日本国政府とて、見ず知らずの人をあなたの前に連れてきて、《この人があなたの推定茶呑み友達ですから、一年以内に茶呑み友達否認の訴えを起こさない限り、定期に茶呑み話をしていただきます》などと要請するような無分別な真似はしない。ところがあなたは、婚姻中あるいは離婚後でも一年弱の間、見ず知らずの乳飲み子の推定父にされるリスクを抱えることになるのである。

確かに、客観的には「外れ事象」に当たる——つまりは生殖父でない——のに、そのことに（幸福にも）気づかずに子を養育し続けたり、気づいていても、天からの授かりものだと考えて実子同様に養育する推定父がいるであろう。人類学者ブロニスワフ・マリノフスキが出会ったトロブリアンド諸島の先住民ならば、生殖父か否かなどにまるで頓着することなく、妻の胎から生まれた子を愛育するかも知れない。

しかし、他人が生殖父である子の養育を断固拒否する者が出ても何の不思議もなく、その態度を不心得と責めることはできない。妻が婚外子を設けるについて、定型的・一般的に夫に帰責事由があるともいえないからである。なかには、夫のＤＶなどに堪えかねて他の男性に救いを求め、その間に子をなした、という事例もあろうが、今度は、そうしたＤＶ夫を推定父としたのでは、子が迷惑するであろう。嫡出推定が働く子であったところで、生殖父でない推定父にとっては縁もゆかりもないことにかけては、隣家の子と変わりはない（もちろん、隣家の子の生殖父でなければ、の話であるが）。どこの馬の骨とも知れぬ子を庭先に放り込まれて、「これがお前の子だから育てろ」といわれては、まさしく青天の霹靂であり、これによって、家族形成の自由が根本から否定されかねない。嫡出推定は、例えば、各共有者の持分が「相等しいものと推定」される（民法二五〇条）のとは、まるでわけが違うのである。

■推定なのだから反証できる、のか

ア　出訴期間、短かすぎ

もちろん父性はあくまでも「推定」されるに止まり、この霹靂から身を躲すことも不可能ではないが、実際に躲し切れるか否かは、反証の容易さ如何による。一般に推定制度が社会的コストの節約を目的にしているのであれば、反証のコストも低い方が望ましい。しかしよく知られているように、反証は相当の難事である。そもそもこの推定を覆すには、民法の明文上は嫡出否認の訴えによるしか方法がないが、周知のように、厳格な出訴期間の規定がある。「夫が子の出生を知った時から一年以内」（民法七七七条）であって、自らの子でないことを知った時から一年ではないので、気づかぬまま出訴期間を徒過してしまうこともあろうし、気づいたとしても、訴訟まで起こすかどうか逡巡しているうちに父子関係が確定しまう可能性も十分ある。法律の世界では免れ難いところではあるが、情に厚い者の方が不利益を被るのである。思い切って訴えを提起しても、ＤＮＡ型検査が切り札となると思いきや、消極的な見解もあるようであり、その場合推定父にはもはや手段が残されていない場合が多かろう。

イ　出訴期間を過ぎると、ハードル高すぎ

出訴期間を徒過してしまえば、親子関係不存在確認の訴えによるしかないが、推定を覆すハードルは格段に高くなる。Ａ女がＹ男と婚姻中にＢ男との間に子Ｘ（すなわち生殖者はＡ女とＢ男）をなした事案で最高裁は、

①　Ａ女がＹ男と協議離婚し、現在はＡ女・Ｂ男・Ｘが同居しており、

②　ＤＮＡ型検査の結果、Ｂ男がＸの生殖父である確率は九九・九九九九九八パーセントである、

という事実がありながら、「夫と子との間に生物学上の父子関係が認められないことが科学的証拠により明らかであり、かつ、夫と妻が既に離婚して別居し、子が親権者である妻の下

で監護されているという事情があっても、子の身分関係の法的安定を保持する必要が当然になくなるものではないから、上記の事情が存在するからといって、同条〔民法七七二条〕による嫡出の推定が及ばなくなるものとはいえず、親子関係不存在確認の訴えをもって当該父子関係の存否を争うことはできない」、と述べた。[17]

さらに最高裁は同日、別事件の判決で、

① A女がXを連れて自宅を出て別居した後、A女・B男・X・B男の前妻の子、が同居し、

② XはB男を「お父さん」と呼んで順調に成長し、

③ DNA型検査の結果、B男がXの生殖父である確率は九九・九九パーセントである、という事情の下でもやはり、「子の身分関係の法的安定を保持する必要が当然になくなるものではない」として、XはY男の推定の及ぶ嫡出子である、と認めた。[18]

最高裁の判例がいわゆる「外観説」、すなわち、A女がXを懐胎した時期に、A女とY男とが事実上の離婚状態にあって夫婦の実態が失われているか、または、遠隔地に居住してA女・Y男間に性的関係をもつ機会がなかったことが明らかであるなどの事情がなければ、Xは推定の及ぶ嫡出子であるとする見解、に立っていることは周知の通りであるが、常識外れ

ではなかろうか。上記の二つの事例でY男がXの生殖父でないことは明らかであり、そのことは、A女がXを懐胎した時期にA女・Y男間に夫婦としての実態が維持されていようがいまいが、何の変りもない。然るになぜ、Y男は依然としてXの（推定）父なのであろうか。

4　そもそも誰が「推定父」になるのか

■民法はどう改正されたか

しかも念の入ったことに、例の霹靂が誰に頭上に落ちるかは、立法者の心持ち次第で変わるのである。第二一〇回国会（臨時会）において成立し、令和四年一二月一六日付で法律第一〇六号として公布された「民法等の一部を改正する法律」（以下文脈に応じて「改正法」ということがある。）ほど、この点を如実に示すものはない。

改正前の（本稿執筆時点の二〇二三年二月では、現行の）民法七七二条では周知のように、

(a)　婚姻の成立の日から二〇〇日を経過した後に生まれた子、または、

(b)　婚姻の解消もしくは取消しの日から三〇〇日以内に生まれた子

は、婚姻中に懐胎したものと推定され、妻が婚姻中に懐胎した子は夫の子と推定される、という二段の推定規定が設けられている。ここでは仮に、(a)による懐胎推定を「二〇〇日経過

後ルール」と、(b)によるそれを「三〇〇日以内ルール」と呼ぶこととしよう。

両ルールは、その適用が長きに及んだため[19]、天然自然の法則でもあるかのように受け取られてきたが、明治時代の医学の水準に基づいたものであり、《子が婚姻中に懐胎したとすれば、婚姻成立後二〇〇日以後、婚姻解消後三〇〇日以内という時間的レンジの中で生まれるであろう》という、実に「ざっくり」とした想定に立ったルールにすぎないので、これらとは異なるルールを設けることも十分に可能である。改正法中の「白眉」ともいうべき七七二条の規定がそれを物語っている。すでに広く知られていることではあろうが、念のため以下にその内容を示す。

現行法	改正後
①　妻が婚姻中に懐胎した子は、夫の子と推定する。	①　妻が婚姻中に懐胎した子は、当該婚姻における夫の子と推定する。女が婚姻前に懐胎した子であって、婚姻が成立した後に生まれたものも、同様とする。
②　婚姻の成立の日から二〇〇日を経過した後又は婚姻の解消若しくは取消しの日から三〇〇日以内に生まれた子は、婚姻中に懐胎したものと推定する。	②　前項の場合において、婚姻の成立の日から二〇〇日以内に生まれた子は、婚姻前に懐胎したものと推定し、婚姻の成立の日から二〇〇日を経過した後又は婚

姻の解消若しくは取消しの日から三〇〇日以内に生まれた子は、婚姻中に懐胎したものと推定する。
③　第一項の場合において、女が子を懐胎した時から子の出生の時までの間に二以上の婚姻をしていたときは、その子は、その出生の直近の婚姻における夫の子と推定する。
④　前三項の規定により父が定められた子について、第七七四条の規定によりその父の嫡出であることが否認された場合における前項の規定の適用については、同項中「直近の婚姻」とあるのは、「直近の婚姻（第七七四条の規定により子がその嫡出であることが否認された夫との間の婚姻を除く。）」とする。

七七二条の改正が、いわゆる無戸籍児の出現を防ぐことを主目的としてなされたことはいうまでもない。典型的には、夫Y男のDVに悩まされる妻A女が、Y男との婚姻継続中に、あるいは婚姻の解消・取消しの後ほどなく、B男との間で子Xを懐胎し、Y男との婚姻の解消・取消しの日から三〇〇日以内に出生した場合、現行法の規定ではY男との婚姻中に懐胎したと推定され、出生届を提出すれば戸籍上はY男の子として記載されるので、これを避けようとすると出生届をしない選択をするしかなく、その結果、無戸籍児が出現する。改正七七二条の二項前段および一項後段の規定は、こうした事態に対処するために新設された。これらの規定は、等しく嫡出推定ではあっても、婚姻前の懐胎を推定した上で、婚姻の成立を条件に夫の子と推定するもので、婚姻中の懐胎を推定するだけの現行規定とは発想を異にしている。改正規定による上記の推定を、仮に「二〇〇日以内ルール」と呼んでおこう。なお三〇〇日以内ルールに係る法律の文言は、「婚姻の解消若しくは取消し」となっているが、以下では「離婚」で代表させることとする。離婚と死別とを別異に扱うべきだ、という見解が有力に主張されているようであるが、この点も無視する。いずれも単に、煩瑣を避けるためである。

■摘出推定が重複する場合はどうするか

ア　ケースⅠ：A女がY男と離婚した後、B男と婚姻して子Xが生まれた

相互排除的でない複数の推定ルールを設けると、一つのケースに二つ以上のルールが同時に適用される可能性が出てくる。この場合、もし推定父を一人に絞らなければならないとすれば――これは自明と考えられているようであるが、それがなぜなのかも、はっきりとした説明を聞いた覚えがない――、そのためのルールを別途設けなければならない。

現行法には一〇〇日間の再婚禁止期間が残存しており、戸籍窓口がこの点を看過して婚姻届を受理する可能性は極めて小さいと思われるので、A女がY男と離婚した後、禁止期間明けの直後にB男と婚姻し、婚姻成立後ほどなくXを出生した、としよう。例えば、四月一日にY男と離婚したとすると、その「日から起算して一〇〇日を経過した後でなければ、再婚をすることができない」（現行民法七三三条一項）のであるから、四月一日から起算して一〇〇日が経過した七月九日の翌日、七月一〇日の午前〇時から再婚できることとなる。そこで、七月一一日にB男との婚姻届を提出し、八月一日にA女がXを生んだと仮定しよう。これをケースⅠとする。

ケースⅠで現行法を前提とした場合、三〇〇日以内ルールの適用だけを論ずれば足りるであろうから、その結果Xは、A女がY男との婚姻中に懐胎したものと推定される（ケースⅠ―現）。他方、改正法を適用すれば（ケースⅠ―改）、以下の、両立しない二つの嫡出推定が働く。

ケースⅠ―改―Y　Xは、三〇〇日以内ルールによって、Y男との婚姻中に懐胎したと推定される。

ケースⅠ―改―B　Xは、二〇〇日以内ルールによって、B男との婚姻前に懐胎したと推定される。

イ　ケースⅡ：A女がB男とも離婚した後、C男と婚姻して子Xが生まれた

さらに、A女が四月一日にY男と離婚、七月一一日にB男と婚姻するまでは上記のケースⅠと同様ながら、そこから拡張して、同月三一日にB男とも離婚し、同日から起算して一〇〇日を経過した日の翌日の一一月八日にC男と婚姻、同月三〇日にXが生まれたと仮定しよう。これをケースⅡとする。ここから先は（実は、これまでとて同じなのであるが）、まさに素人の短見にすぎないので、専門家諸賢の叱正を乞いたい。

まずケースⅡで現行法を適用すれば（ケースⅡ―現）。ここでもやはり、三〇〇日以内ルールの適用だけを論ずれば足りると思われるところ、Xは、Y男との離婚からも、B男との離婚からも、三〇〇日以内に出生しているから、両者について婚姻中の懐胎が推定されざるを得ないのではなかろうか。このB男のケースのように、A女との婚姻の成立からXの出生まで二〇〇日を経過していない場合、それでも三〇〇日以内ルールが適用されるのか、が疑問になるが、《二〇〇日を経過した後又は三〇〇日以内》という規定振りを文字通りに受け取って、取り敢えず適用があるものとしておく。この場合、嫡出推定の重複をどのように解消するのか、私は審らかにしないが、あるいは、父を定めることを目的とする訴えを提起することになるのかも知れない。ただここで想定したケースⅡでは、A女は再婚禁止期間の定めに違反してB男、次いでC男と婚姻したわけではないので、人事訴訟法四三条一項の訴訟を提起することはできないのではなかろうか。したがって、同項が明文で認める場合以外にも、父を定めることを目的とする訴訟なるものがあり得ることを説明しなければならないが、この点は私の能力を超えるので、ここでは立ち入らない。

次にケースⅡで改正法を適用すれば（ケースⅡ―改）、以下の一層複雑な推定が成り立つ。

ケースⅡ―改―Y　Xは、三〇〇日以内ルールによって、Y男との婚姻中に懐胎したと推定される。

ケースⅡ―改―B　Xは、二〇〇日以内ルールによって、B男との婚姻前に懐胎したと推定され、同時に、三〇〇日以内ルールによっても、B男との婚姻中に懐胎したと推定される。二〇〇日以内ルールが適用されるためには、懐胎後に婚姻が成立することが必要であるが、Xの出生時に婚姻が継続中であることまでは求められていないのではなかろうか。そうだとすれば、B男についてこのルールが適用されることとなろう。

ケースⅡ―改―C　Xは、二〇〇日以内ルールによっても、C男との婚姻前に懐胎したと推定される。

■「推定父」はどう決まるのか

懐胎時期に関するこれらいずれの推定も――二〇〇日以内ルールについては、婚姻の成立を条件としてではあるが――、等しく、懐胎子が夫の子であるという推定を導く。今回の法改正で、現行法の七三三条が削除されて再婚禁止期間の制度が廃止され、父を定めることを目的とする訴えの適用範囲も重婚の場合に変更される（改正七七三条。現行法の同条中の「第七三三条第一項の規定に違反して」云々が、「第七三二条の規定に違反して」に改められる。）こととなったので、嫡出推定が重複する場合には、法律が直接に決め打ちする形で、「その子は、その出生の直近の婚姻における夫の子と推定する」と規定された（改正七七二条三項）。婚姻中の出生であれば、当該婚姻が「直近の婚姻」に当たるであろうから、Xは、ケースⅠ――改ではB男の子と、ケースⅡ――改ではC男の子と、それぞれ推定されることになろう。

ここでは、上記各ルールそのものの是非を問いたいのではない。重要なのは、七七二条の改正が、長期にわたって定着してきたルールも国家の一存で変えられることを示して、国家の《推定父指定権》を可視化したことである。自然のメカニズムに変化がない以上、上記のケースで生殖父は、法改正の前後を通じて、Y男・B男・C男あるいはそれ以外の第三者のいずれか一人であり、かついずれか一人でしかあり得ない。それにもかかわらず推定父は、次のようになかなかに多彩である。

	現行法	改正後
ケースⅠ	Y男	B男
ケースⅡ	Y男もしくはB男	C男

法制審議会の部会ではさらに、前夫との婚姻の解消が離婚による場合と死別の場合とを区別する案も検討された由で[20]、そうなるとさらに彩りが増すが、煩にすぎるのでここでは立ち入らない。

■「推定父」は誰でもいい!?

改正前ルールと改正後ルールのいずれもが、論理的に成立可能なのだとすれば、立法者の意思は、次のように説明するしかなかろう。

第一に、婚姻成立後二〇〇日以内に生まれた子について立法者は、推定父はいてもいいが、あるいは、いるに越したことはないが、いなくてもよい、と考えていると解するほかはない。改正前は、婚姻中に懐胎したことを直接に証明する手立てがなければ、嫡出性が推定されず、二〇〇日経過後ルールあるいは三〇〇日以内ルールが適用されない限り推定父は存在しなかったが[21]、ケースI－改では、B男が推定父となるからである。

第二に、離婚から三〇〇日以内に生まれた子について立法者は、数個の婚姻が連続した場合、推定父は、それらの婚姻における夫の中の誰でもよい、と考えていると解するほかない。Y男は、ケースI－現では推定父となり、ケースII－現でも推定父となり得るが、ケースI－改ではB男が、ケースII－改ではC男が推定父となり、さらに、訴訟で嫡出性が否定された場合には、C男からB男へ、というように推定父が順次繰り上がっていく（改正七七二条四項）からである。

5　当座用の父を宛えばよいのか

こうしたルール（の変遷）はいかにも無原則に見えるが、そこに通底する発想があるとすれば、何をさておいても、出生と同時に父を宛がう必要がある、というものであろう。嫡出推定は嫡出否認の訴えあるいは父子関係不存在確認の訴えによって覆される可能性があるが、その可能性が法律の明文および判例によって狭き門と化していることを併せ考えれば、当座用であっても推定父がともかくも存在していることが不可欠であり[22]、かつ、その当座用の推定父をできるだけ使い延ばしたい、という志向が見て取れる。なぜそう考えるのか、と問われれば、家族法をめぐる戦後の言説としては、子の福祉のためだ、と答える以外にはなかろう。しかし、この答えの有効性は疑わしい。

■実定法のありようを説明していない

第一に、実定法のありようを十分に説明していない。もし当座用の父を宛がうことが子の福祉にとって是非とも必要なのであれば、すべての子にそうすべきであるが、生殖母が（法律婚の当事者でないという意味での）独身者であれば、その子に父は宛がわれない。もちろん、任意であれ強制であれ、認知がなされれば法律上の父子関係が設定されるが、もっぱら私人のイニシアチブによる。子の福祉のためにそれほど必要ならば、それを認知と呼ぶか否かはともかく、国家が父を強制的に宛がわなければ筋が通らない。しかも父からの任意認知は、生殖父であることの証明を必要としないから[23]、民法の文面上は「父……は」（七七九条）となってはいるものの、誰でもなし得ることとなる。単に事実として誰でもなすことができるだけではなく、認知は、少なくとも改正法では無効判決の確定によってはじめて無効となると解されるから[24]、何人がなした任意認知であれ、届出の時から無効判決確定の時までは、法律上の父子関係が存続することとなる。論理的可能性に止まるとはいえ、誰もが父になり得る制度の下で、子の福祉がいかに図られるのであろうか。あるいは、出生した子一般ではなくて、嫡出子の福祉だけを考えればよいのだ、という割り切った答えがあるかも知れない。しかしそうだとすれば、今回の改正まで長きにわたって、子が嫡出否認の訴えを提起する道がなぜ開かれてこなかったのか。赤の他人に父親面されてはたまらない、と考える嫡出子がいても少しも不思議はないのに、である。しかも、人事訴訟法四一条一項は、推定父が出訴期間内に嫡出否認の訴えを提起しないで死亡した場合、その子のために相続権を害される者その他夫の三親等以内の血族は、嫡出否認の訴えを提起できる、と規定している。かつての人事訴訟手続法（明治三一年法律第一三号）二九条にも同趣旨の規定があった。子以外の者の福祉には、十分な配慮がなされてきたことが窺われよう。

■人は、法に命ぜられて子を養うのではない

第二に、法律の力で父を宛がうことが子の福祉に資する、などといえるものであろうか。なぜ親は、ここでの文脈に即していえばなぜ父は、子を養育するのであろうか。親が子を養

育し、親が子のために何程か犠牲を払うのは、まったく当然のことだと私も思う。しかし、法律がそう命じているから養育しているまでのことで、義務が解除されれば養育を止める、と考える者がどれだけいるであろうか。少なくとも私自身の経験に照らせば、《なぜこの子を育てているのか》、などと自問する暇もなく、授乳、入浴、病院通い、幼稚園の送迎等々を、ふらふらになりながら続けていた。多くの親も同様であろう。自明であり何の疑問も抱かないからこそ、子育てなどという見返りのない行為ができるのである。言い換えれば、法律の規定であれ、道徳であれ、世間の目であれ、子育ての《わけ》を求め始めるとすれば、それはもはや子育てに十分コミットできなくなっている兆しである。

繰り返しになるが、生殖父でなくても、他人の子をそれと知って養育する者はいるであろう。しかしそれも、嫡出推定があるからだ、などとは考え難い。上記のように、《誰でもいいので、あなたを推定父に指定します》、といわれて見ず知らずの子に宛がわれるY男・B男・C男がどうして養育に深くコミットすることが期待できようか。繰り返しになるが、家庭の円満や子の福祉は、民法の親子法の存在など意識していないからこそ成り立つ[25]。問題は、他人の子を養育することを拒否するか、少なくともそれに疑問をもつ推定父であり、あるいは推定父を父とすることを拒否する推定嫡出子である。そうした者にとって嫡出推定制度がもたらすものは、系図上はわが子であるはずの崇徳院を「叔父子」と呼んだという鳥羽院や『暗夜行路』の時任謙作の苦悩でしかない。円満な父子関係が維持されているときには、嫡出推定制度はあってもなくてもよく、一旦その存在が「自分事」として意識されるようになれば、家庭はすでに火宅と化している可能性が高い。それでも、父を宛がえば養育費を負担する義務の帰属点を特定できる、とはいえるであろう。しかしもはや手ずからの養育が期待できない場合、それは結局「金目」の話であり、誰かが負担しなければならないが誰かが負担すればいいのであって、最終的には税金で賄うしかないであろう。

Ⅲ　結論――法律婚や嫡出推定って、変じゃね？

以上述べたように私は、唯一の正当なユニオンを定義する権限の行使を国家に許す点で法律婚制度に賛成できず、子の養育を拒否する推定父にとって破壊的な効果をもち得る上に、子の福祉に資するかどうかも怪しい点で、嫡出推定制度にも賛成できない。

ではどうすればいいのか。結論は簡単で、法律婚制度を廃止して単なる契約に置き換えれば、嫡出推定制度も自ずから消滅するだけの話である。これで困る人が出るものであろうか。生まれたばかりの子に必要なのは、何をさておいても養育者の存在である。子の福祉を最重要と考えるのであれば ―― そして私は、この認識にもろ手を挙げて賛成する ―― 、子を最もよく養育できる者が養育すべきである。もちろん、この場合の養育者は父母のカップルでなければならない必然性はなく、チーム養育が相応しい場合にはそうすべきであり、障害をもって生まれた子の場合が、その典型例となろう。最もよく養育できる、という資質には、単に子育てのスキルだけではなく、当該子を養育したいという希望あるいは意欲をも含むであろうから、そうした希望者の中から養育者が選定されなければならない。その場合、理論的には、養育免許制のような仕組みが真剣に考慮されなければならないのはもちろんである。ただ、こうして順次フィルタをかけていけば、大抵のケースで結局生殖親しか残らないのであろう。私は、契約的家族観の下では生殖主義を貫徹するほかなくなると思うが、生殖親が、子を最もよく養育できる者とは限らないから、これらの者に養育義務を課すことは、あくまでもやむを得ない次善、三善の策にすぎない。生殖主義の貫徹は、そうした留保の下でのみ推奨されるのである。

もちろんこれまた、家族廃止論でなく、価値観多様化論でなく、社会改良論でなく、立法論でなく、憲法論でなく、ないない尽くしの与太噺となった。しかしその与太噺に応えてくれる有識者がいてもよいのではなかろうか。

（1）　こうした事情は、諸外国においても大きくは異ならないであろう。エリザベス・ブレークが引用するところによれば、「既婚であることが、利益、権利、特権を享受するための要素となっている〈中略〉一一三八の連邦法の条項が存在する」。同（久保田裕之監訳、羽生有希ほか訳）『最小の結婚　結婚をめぐる法と道徳』（白澤社、二〇一九年）二六九〜二七〇頁。

（2）　Elizabeth Brake, Paid and Unpaid Care: Marriage, Equality, and Domestic Workers, in: Elizabeth Brake & Lucinda Ferguson (eds.), *Children's and Family Law*, 82 (Oxford UP, 2018).

（3）　最判昭和五四・三・三〇民集三三巻二号三〇三頁。

（4）　森村進『自由はどこまで可能か　リバタリアニズム入門』（講談社現代新書、二〇〇一年）一六〇〜一六一頁。

（5）　堀江有里「〈反婚〉試論　家族規範解体をめぐる覚書」現代思想四三巻一六号（二〇一五年）一九三頁。堀江によれば、〈反婚〉とは、結婚や家族への国家による介入を拒否し、既存制度を解体しようとする志向を有するものである。堀江有里『レズビアン・アイデンティティーズ』（洛北出版、二〇一五年）二五六〜二五九頁。

(6)　松田和樹「愛のために『結婚制度』はもう廃止したほうがいい、法哲学者の私がそう考える理由」《https://gendai.media/articles/-/92323》(二〇二二年)。周知のように松田には、浩瀚な学術論文、松田和樹「同性婚か？あるいは婚姻制度廃止か？――正義と承認をめぐるアポリア」国家学会雑誌一三一巻五・六号(二〇一八年)三六九頁以下がある。松田は同論文で、《廃婚》とか《反婚》とかいった類のキャッチーなフレーズはさすがに用いていないが、法律婚すなわちヘテロセクシュアルな単婚制は、多種多様な《善き生》の構想の中のある特殊な一類型を取り出して、それを国家が公認し特権化するものであろうから、松田が構想するリベラリズムの規則にすんなり回収できるようにも見えない。もっとも、やはり松田が指摘するように、法律婚を廃止したところで、単なるレッセフェールに回帰しただけでは、社会に現存する権力勾配――松田の言葉を借りれば、「差別的な意味秩序」――をただ放し飼いにするだけの結果に終わる(同論文第四章第二節)。この指摘に対する答えを、今のところ(そして多分、今後も)私は持ち合わせていない。しかし、開き直りのようではあるが、法律婚制度を維持したからといって、権力勾配が緩和されるわけではない。

(7)　本文冒頭に挙げた拙稿(a)では、非嫡出子の法定相続分差別を合憲とした最大決平成七・七・五民集四九巻七号一七八九頁に対する「憲法学説」の反応を批判的に吟味した。すなわち、「憲法学説」の多くが、法律婚の保護が憲法上正当な立法目的たり得るという前提を、驚くほど無邪気に受け入れながら、他方で、法定相続分の差別は違憲だと述べていたからである。しかしこうした論法が成り立ち得るとは思われない。「そもそも法律婚を保護するとは、法律婚の当事者および法律婚から出生した子と、そうでない（法律婚家族から見れば）いわば外部者との間で、法律上の取り扱いに何らかの差異を設けることを意味するのであり、それ以外に法律婚の保護なるものの実質が存するわけではない」（拙稿(a)一三二頁）からである。

（8）　目標なしの議論である以上当然のことながら、ここで、婚姻あるいは子育てに係る法制度と「少子化」現象との関連を論ずるつもりもない。例えば、契約的家族観が結婚や出産の奨励策になるか否か、といった点について、いかにも無責任に聞こえようが、私は知らないし関心もない。ただ素人の感想だけ述べておけば、少子化がいろいろ望ましからぬ影響を与えるという認識自体には反対しないが、だからといって、食い止める策はなかろうと思う。二〇一六年以降、年率三・五パーセントの割合で減少してきた出生数は、二〇二二年には五・一パーセント減の七七〇、七四七人となった。厚生労働省「令和四年（二〇二二）人口動態統計月報年計（概数）の概況」《https://www.mhlw.go.jp/toukei/saikin/hw/jinkou/geppo/nengai22/index.html》二頁、二八頁。二〇二三年にはさらに、出生数は五・八パーセント減の約七二・六万人へ、合計特殊出生率は一・二〇前後へ、それぞれ低下する見込みであり、また、一生結婚するつもりのない人の割合が、特に女性で上昇傾向にある。日本総研「二〇二三年の出生数は▲

五・八％減、出生率は一・二〇前後に低下へ」《https://www.jri.co.jp/MediaLibrary/file/report/research/pdf/14796.pdf》。（超）少子化の原因として非正規雇用の広がりなどの経済的要因を挙げる見解はもっともであるが、実際には、経済成長が続いていた一九七〇年代半ばを頂点に出生率は低下を続けてきたのであるから、経済事情が好転したところで、出生率が急反発するなどとは考えにくい。結婚・出産・育児といったライフイベントが自明のものではなく個人の選択に委ねられる、という通念が広がったことが少子化の根本的な原因であろう。この点は、西欧近代で、宗教が個人の選択に委ねられるようになったことと同じくらいに著明で、不可逆的な変化であったと思われる。

(9) Claudia Card, Against Marriage and Motherhood, *Hypatia* 11 (3), 8 (1996).

(10) 東小雪×信田さよ子「討議・私たちがつくる〈家族〉のかたち」現代思想四三巻一六号（二〇一五年）三三一～三三三頁に、同性カップル間のDVの問題が語られている。

(11) 日本の法学界はこのように、学問の自由の自発的な放棄の上に成立したミクロコスモスである。こうした人々がしかし、学術会議会員の任命のような問題になると、学問の自由を旗印として政府を批判するのは、なかなかに味わい深い図ではなかろうか。誰しも、他人の批判ならいくらでもできるものである。

(12) 大阪地判令和四・六・二〇判時二五三七頁四〇頁〔五二頁二段目〕。

（13）　最決平成二五・一二・一〇民集六七巻九号一八四七頁〔一八五二頁〕（寺田裁判官の補足意見）。

（14）　以上、松田和樹「誰が養育者となるべきか？」法と哲学七号（二〇二一年）一九八～一九九頁。

（15）　とはいっても、女性に中絶措置を強制することはできないから、男性側に子の養育義務を免れる選択肢を与える、くらいしか思いつかない。

（16）　以上は主として、Emily J. Stolzenberg, The New Family Freedom, *Boston College Law Review* 59 (6), 1983, 2006~2013（2018）の教示による。同論文は、法が生殖父に課している義務を strict liability と呼んでいる。

（17）　最判平成二六・七・一七民集六八巻六号五四七頁〔五五〇頁〕。

（18）　最判平成二六・七・一七判時二二三五号一四頁〔一二頁二段目〕。

（19）　よく知られているように、民法第四編第五編（明治三一年法律第九号）八二〇条二項以来であるから、一二〇年余に及ぶ。先行する民法人事編（明治二三年法律第八九号）九一条でも、婚姻成立後二〇〇日の規定が、「婚姻ノ儀式ヨリ一八〇日後」と規定されていた以外は同じであった。

（20）　法務省民事局参事官室「民法（親子法制）等の改正に関する中間試案の補足説明」（二〇

二一年）二二一〜二二八頁。とりわけ、妻の複数回婚姻（本稿でいうケースⅡ）についての考察（同二二六頁（注18））が興味深い。

(21) 周知のようにこうしたケースでも、戸籍上は嫡出子として登録され得たのであるが、それはあくまでも戸籍実務の扱いであって、実体法上は、いわゆる「推定されない嫡出子」たるに止まる。

(22) この点を森山浩江「婚姻への公的介入」法律時報九〇巻一一号（二〇一八年一〇月号）二〇頁は、いとも率直かつ明快に、「婚姻制度は、そのような〔子の養育義務を負う〕『親』を一般的に、また個別事情に立ち入らずに決定する機能を有する」、と説いている。私を含む世の推定父は、押し並べて、「個別事情に立ち入らずに」親となったものらしい。

(23) 生存している子を父が認知する場合、届書に記載しなければならない事項は、「母の氏名及び本籍」だけである（戸籍法六〇条一項一号）。

(24) 改正法は認知無効の性質に関して、形成無効説を採用とした、と説明されている。法制審議会民法（親子法制）部会第二五回（二〇二二年二月一日）部会資料25－2（補足説明）二四頁。

(25) このことはもちろん、法律婚制度を廃止して契約に代置しても同じであり、それでよいのである。

2　民法から婚姻を削除するとどうなるか
――民法における婚姻の機能とその代替可能性

大島梨沙

Ⅰ　はじめに

1　婚姻制度の問い直し

婚姻をめぐる今日（二〇二四年）の日本での社会的話題と言えば、「選択的夫婦別姓を認めるべきか」と、「同性婚を認めるべきか」、の二つが想起される。これらはいずれも、従来の「常識」とは異なるカップルに、既存の婚姻制度への参入を許すかどうかという形で表れた問いである。これらのトピックによって、既存の婚姻制度の本質が何かが問われてはいるものの、あるいは婚姻制度の中での多様性を増やそうとするものではあるものの、婚姻制度の

〔大島　梨沙〕

存在自体は自明視されている。

しかしながら、とりわけ、筆者がこれまで専門としてきた民法学の外においては、婚姻制度の存在自体を問い直そうとする動きが少なくない。たとえば、マーサ・A・ファインマンは、法的カテゴリーとしての婚姻を（さらには性関係にもとづくいかなる法的特権をも）廃止すべきであるとする（ファインマン〔上野監訳〕2003〔原書1995〕）。安念潤司は、婚姻制度を廃止して、当事者が各自の意思によって取り結ぶ契約関係としてのみ位置づけることを提唱する（安念1998・2002）。

これに対し、近年では、婚姻制度を完全に廃止することは難しく、一定の制度的側面や国家による介入が必要な場面は残るとする見解が有力になってきているように思われる。齊藤笑美子は、ファインマンが成人間共同生活については法的介入の必要性がなくなると述べているのに対して、成人間であっても経済的・精神的なつながりに基づく親密な関係を考慮する必要は残るとする（齊藤2017）。池田弘乃は、人間関係において弱い当事者を保護したり、共有財産をめぐる紛争を処理したり、国家の便益や税を適切に割り当てるために、個人の関係性を規制する必要は残るが、その規制は断片的でもありうるとするチェンバース（2013）の見解に依拠しつつ、ケア提供に関わる局面において関わる人の品位や尊厳を保障することと、当事者からの公的認証制度へのニーズへの対応という2つが、国家が介入すべき事項に関する課題であるとする（池田2022）。エリザベス・ブレイクは、婚姻制度を契約化するよりも、むしろ、ケア関係のための法的支援（ブレイクが「最小の結婚（minimal marriage）」と呼ぶもの）を提供することが国には要請されているとする（ブレイク〔久保田監訳〕2019〔原書2012〕；植村2022）。池田やブレイクの見解においては、婚姻制度廃止論を否定しているとはいえ、従来の婚姻制度とはその発想を大きく転換することが提唱されている。例えば、ブレイクが提唱する「最小の結婚」には、性別や配偶者の数などに関する制約は課されず、すべてのケア関係が「最小の結婚」に含まれなければならないという。岡野八代は、このブレイクの見解に賛同しつつも、その実現は理想状態でなければ難しいとした上で、ロビン・ウエスト（二〇〇七）の議論を引きつつ、それまでは、国家の責任で、時に罰則を課したり補償を与えたりしながら（私的で親密な関係性からうまれる）不正を正していく必要があるだけでなく、現状の結婚を厳しく正義の枠内でチェックしていかなければならないとする（岡野2022）。

〔大島　梨沙〕

2　受容の難しさ

これらの議論は、同じく現行の日本の婚姻制度に疑問を感じている筆者にとって、大変刺激的で興味深い。にもかかわらず、これらの議論を、日本の婚姻に関する具体的な立法論においてどのように反映すればよいのかは容易には見えてこない。その「戸惑い」が生じる理由は、大きく分けて二つある。

「戸惑い」の一つは、これらの議論が「欧米の」文脈に基づいた議論であるように思われる点にある。キリスト教の伝統を有する欧米の国々では、かつて、婚姻（配偶者と嫡出子）や婚姻家族を法で強固に守ってきた歴史があり、近年の議論は、そこからの「解放」をどこまで進めるべきかという文脈においてなされているのではないか。実際、社会においても、婚姻を求めないカップルが多数生じており、婚姻外で生まれた子の割合が高くなり、さらには、ポリアモリーなどの実践も一部で見られるようになっている（深海2022）。

他方で、日本において、婚姻（配偶者と嫡出子）を法で強固に守ってきた歴史は長くない。一度婚姻すると解消できないというカトリックの考え方は、明治期に日本に影響を与えたものの、日本では離婚に対する規制はほぼなかったと言ってよい。「協議」による離婚が大半であるが、離婚届を出せば離婚が成立してしまう点で協議さえなくても離婚できてしまい、そうなると妻は財産分与もなく実家に帰るのみであった（もちろん無効だと主張できるが裁判を起こさなければならないというハードルがある）。また、婚姻家族概念よりも家制度の原則父系男子による存続の方が重視されたため、妻が生んだ女子（嫡出子）よりも、妾が生み夫が認知した男子（庶子）の方が、家督相続においては優越した（明治民法九七〇条一項二号）。嫡出子が常に嫡出でない子よりも守られてきたというわけではない。このような家督相続制度は戦後に廃止され、財産分与制度ができ、遺産相続における配偶者相続分が二分の一に引き上げられ、さらに近年においては配偶者居住権が設けられた。これらによって、ようやく、婚姻を法で守るような形ができてきたが、欧米と比べると、夫婦内の弱者（多くの場合、妻）の保護が十分とは言い難いのではないか、ということが指摘されている状況である（水野2014ほか）。実際、日本社会において、（とりわけ男性にとって）婚姻の法的拘束力が高くないためか、婚姻を求めないカップルは欧米ほど多くは見られず、婚姻外で生まれた子の割合は二％程度にすぎない。婚姻に実際に拘束を課し、かつ婚姻外の関係に制裁を課すのは、むしろ、法というより社会慣習（世間体）であり、そこに負担を感じる人は、日本では、新しいかたちの結びつきを求めるというよりカップル関係の形成自体を忌避する傾向にある（山田2019）。

この文脈の違いを踏まえたとき、先で述べた婚姻制度の廃止または大幅な発想の転換を立法論として受け止めるとしても、日本ではそのような立法を求める立法事実があるのか、そのような立法が社会や他の法制度にどのように作用するのか、他にもっと良い案はないのか、を考えなければならないと感じるのである。

もう一つの「戸惑い」は、民法の研究者として、いま婚姻法が適用されている現実の紛争を見たときに感じる、カップルならではの複雑な利害関係（財産面・人格面・感情面…）というものがどう扱われることになるのかが見えないという点にある。法がいかように変わっても、人間はそう簡単に変わることができるものではないであろうから、同様の複雑な利害関係が生じてくるように思われるが、それに対して婚姻制度廃止論や転換論ではどう対処すべきなのかが判然としない。性をめぐる部分や感情的な側面は法外の問題だということになるのだろうか。単なるケア関係と性愛が伴うカップル関係の間に違いはないのか、さらには、性愛関係が二人だけのときと三人以上のときとで状況は同じといえるのか、もう少し立ち入った検討が必要であるように思われる。

〔大島　梨沙〕

3　本稿の目的

以上のような筆者の「戸惑い」に対して、何か理由をつけて現行制度を変えたくないだけだろうとのお叱りを受けるかもしれない。そのようなご批判を受けるのは本意ではない。そこで、本稿では、先述のような見解を一旦受け止め、日本において、婚姻制度を廃止してみるとどうなるのかを考えてみることによって、筆者がどのような点に引っかかりを感じているのかを明らかにしたい。

とはいえ、そもそも婚姻制度を廃止するとはどのような意味なのだろうか。すべての日本の法律の中から婚姻に関連する規定を削除するという意味なのか、社会からもこれまで「婚姻」や「結婚」と呼ばれてきたような慣行や実践を廃止するということを意味するのか……様々な次元のものが想定されるように思われる。そのような多くの可能性の中から、本稿では、筆者の能力の限界により、「民法から婚姻を削除する」という形での（おそらく先述の論者たちの想定と比べるとミニマムな形での）廃止を想定したい。すなわち、民法中に存在する、婚姻・配偶者・夫・妻がかかわる条項をすべて削除するが、その他の法律における「婚姻」や、社会で現実に営まれている「結婚」が消えるわけではない[(1)]という状態を出発点としたい。

〔大島　梨沙〕

では、民法中に存在する、婚姻・配偶者・夫・妻がかかわる条項にはどのようなものがあるか。条文の順番に沿って挙げてみよう。

◆七条・一〇条・一一条・一四条・一五条・一八条（後見・保佐・補助の開始の審判や同審判の取消しの請求権の配偶者への付与）

◆一五九条（夫婦間の権利の時効の完成猶予）

◆四六五条の九第三号（保証人になろうとする者が主たる債務者が行う事業に現に従事している主たる債務者の配偶者の場合の保証契約時の公正証書の作成と保証の効力に関する規定の適用除外）

◆七一一条（配偶者が第三者の不法行為により死亡した場合の慰謝料請求権）

◆七二五条二号（配偶者との間の親族関係発生）・七二五条三号（配偶者の三親等内の親族との間に姻族関係が発生）・七二六条二項（傍系姻族の親等の定め方）・七二八条（生存配偶者の意思表示による姻族関係終了）・七二九条（養子縁組により生じた養子の配偶者等と養親等との親族関係の離縁による終了）・七三〇条（姻族と同居している場合の扶け合いの義務）

◆七三一条〜七七一条（婚姻の成立、婚姻の効力、夫婦財産制、離婚）

◆七七二条〜七七八条（嫡出推定・嫡出否認）・七七九条（「嫡出でない子」はその父又は母がこれを認知することができる）・七八九条（準正）

◆七九〇条（子の氏〔嫡出子は父母の氏を称する〕）・七九一条二項（父又は母が氏を改めたことにより子が父母と氏を異にする場合、子は、父母の婚姻中に限り、家裁の許可なく届出によって、その父母の氏を称することができる）

◆七九五条（配偶者のいる者が未成年者と普通養子縁組をする場合の要件・その例外としての配偶者の未成年の嫡出子を養子とする場合）・七九六条（成年を養子とする場合の配偶者の同意の要求）・七九八条（未成年者を養子とする場合でも、配偶者の直系卑属を養子とする場合は家裁の許可が不要）・八〇六条の二（七九六条の規定に違反した縁組の取消請求）・八一一条の二（未成年者と養親夫婦との普通養子縁組を解消する場合の要件）・八一六条ただし書（配偶者とともに養子をした養親の一方のみと離縁をした場合には復氏せず）

◆八一七条の三（特別養子縁組の養親となることができるのは婚姻した夫婦のみ）・八一七条の四ただし書（特別養子縁組の養親を二五歳以上とする年齢要件の例外）

◆八一八条三項（父母が婚姻中は親権を共同行使）・八一九条一項（父母が協議上の離婚をす

る場合の親権者）・八一九条二項（父母が裁判上の離婚をする場合の親権者）

◆八四七条四号（被後見人に対して訴訟をした者の配偶者の後見人欠格）・八五〇条（後見監督人の配偶者の後見監督人欠格）

◆八九〇条（配偶者と死別した場合、常にその相続人となる）・八九一条二号ただし書（被相続人の殺害を知ったにもかかわらず告発・告訴しなかった場合の相続欠格の、殺害者の配偶者への適用除外）・九〇〇条（配偶者の相続分）・九〇四条四項（婚姻期間が二〇年以上の夫婦間で居住用不動産の遺贈・贈与がなされた場合の持戻し免除の意思表示の推定）

◆九六六条一項（被後見人が後見人の配偶者の利益となる遺言をした場合の遺言無効）・九六六条二項（配偶者が後見人である場合の同条一項の適用除外）・九七四条二号・三号（推定相続人の配偶者や遺言作成を担当した公証人の配偶者は被相続人の遺言の証人・立会人となることができない）

◆一〇二八条～一〇三六条（配偶者居住権）・一〇三七条～一〇四一条（配偶者短期居住権）

◆一〇四二条（遺留分権〔配偶者の遺留分についてもここに含まれる〕）

〔大島　梨沙〕

これらの中には、婚姻を削除するなら規定全体が削除されるであろうもの（たとえば、婚

姻の成立・効力・夫婦財産制・離婚について定める七三一条〜七七一条）と、婚姻が削除されたとしても夫婦に関係する部分以外は残るであろうもの（たとえば、後見開始の審判の請求権について定める七条）がある。いずれにしても、婚姻に関係する部分は法文から削除されることを想定してみたい。

これらが削除された場合に、どのような「困った」事態が生じるのかを考えることにより、現行民法上の婚姻が果たしている機能を知ることができる。本稿では、それらの機能を、既に存在する他の手段によって代替しうると考えられるもの（Ⅱ）と、代替が難しく何らかの立法が必要ではないかと考えられるもの（Ⅲ）に分けて、それぞれの機能の要否を含めて検討し、最後に、その先の可能性について述べる（Ⅳ）ことによって結びとしたい。

Ⅱ　現行法の他の制度によって一定の代替が可能だと思われるもの

1　法的父子関係の形成

■成立させるための方法

婚姻関係部分が民法の法文から削除された場合、父子関係の成立は大きく変わることになる[(2)]。現行法においては、法的な父子関係は、嫡出推定か認知によって成立するところ、民法から婚姻を削除するならば、嫡出推定は当然削除されることになる。では、認知はどうだろうか。

認知について定める現民法七七九条は、「嫡出でない子は、その父又は母がこれを認知することができる」（傍点、筆者）と規定しているところ、婚姻が削除されれば「嫡出でない子」という概念も法文から削除されることになるため、七七九条全体が削除されるとも考えられるかもしれない。この場合は、父子関係を成立させるための新たな方法を立法する必要が生じるということになる（もしくは、父子関係は法律上成立させなくても構わないという判断もありうるのかもしれない[(3)]）。

他方で、「嫡出でない」だけを削除すると考えるならば、「子は、その父又は母がこれを認知することができる」となり、父子関係はすべて認知によって成立することになる[4]。この考え方に立つ場合、子が生まれて出生届を出す際に、父が同時に認知届も出せば、法的父子関係が成立する。さらに、子の出生よりも前に胎児の段階で認知をすることも可能である（ただし懐妊者の承諾が必要、七八三条一項）であるから、父母の関係が良好で、父が胎児と父子関係を成立させたいと望むならば、胎児認知を活用することによって子の出生時点で父子関係を成立させることもできる。人々が「結婚」して子どもをもとうとするという生活実態が変わらないのであれば、この胎児認知が多く活用されることになるだろう。仮に、父が任意では認知をしようとしない場合で、子や子の母が父子関係の成立を求めるならば、認知の訴え（七八七条）によって父子関係を成立させることができる。

以上のように考えると、父子の間に血縁があるケースについては、父子関係の成立に実質的にはそれほど大きな影響がないように思われる[5]。

他方で、父子の間に血縁がない場合には、一度認知が成立しても、その認知が無効とされてしまう可能性がある。従前の嫡出推定においては、血縁のない父子間であったとしても、父が嫡出否認をしなかったならば原則としてその法的親子関係は解消できなかったため、この点は婚姻を削除するか否かで違いが出る点といえた。だが、令和四年一二月一六日の「民法の一部を改正する法律」（令和四年法律一〇二号）（令和六年四月一日施行）により、認知無効の訴えを提起できる者が限定された上、提訴期間も、原則として子の出生から七年に限定された（改正後七八六条一項）。よって、改正前よりは無効となる可能性が低くなった。生殖補助医療を利用した場合においては、子との血縁がないと知りつつ認知をした者からの認知無効の主張を権利濫用として封じるなど、解釈論での対応が十分に考えられる。よって、全体としては、婚姻を削除したとしても、父子関係の成立に関する問題は大きくないように思われる。

■成立後の効果

父子関係が認知により成立したとしても、父がその子に対する親権を有するかはまた別問題である。婚姻に関する規定（八一八条三項、八一九条一項、八一九条二項）が法文から削除されたとしても、民法には、矛盾する二つの条文が残る。一つは、「成年に達しない子は、父母の親権に服する」と規定する八一八条一項であり、もう一つは、「父が認知した子に対する親権は、父母の協議で父を親権者と定めたときに限り、父が行う」と定める八一九条四項である。現行法においては、一般に、親権の帰属と行使とを区別しないまま、後者が優先するものとして解釈されている。それをそのまま当てはめるならば、婚姻を削除した場合、原則として母のみが親権者となり、例外的に、父母の協議で定めれば、父のみが親権者になるということになる。

これでも実際には問題はないと考えることもできるかもしれない。父母の関係が良好であれば、現実には、一方のみが他方の意に反して親権を行使することはそれほど多くないと考えられるし、父母の関係が良好でないのであれば、一方だけを親権者としておいた方が良いのかもしれない。なお、面会交流は親権者ではなくとも、法律上の親であれば求めることができるため、単独親権の場合であっても面会交流を実現することはできる（七六六条一項、七八八条）。

他方で、婚姻が削除されたと想定すると、前者の八一八条一項が述べるように「成年に達しない子は、父母の親権に服する」ケースは存在しないことになってしまう。そうすると、この条文はどのような趣旨で存在しているのかが問われることになる。現行法下においても、八一八条一項は親権が父母双方に帰属している旨を定めたものであり、八一九条四項は親権の行使について定めたものであるとの考え方が存在する（於保、一九五三ほか）。婚姻を削除した場合、この考え方を採用して、八一八条一項により父母の双方が親権を有すると解釈できる余地が出てくるかもしれない。

現在国会に提出されている親権法改正案においては、この八一八条一項は「親権は、成年に達しない子について、その子の利益のために行使しなければならない」と改められているため、この法案通りで改正が実現するならば、先述の矛盾は解消される。また、父が認知した子に対する親権は、原則として母が行うものの、父母の協議で、父母双方又は父を親権者と定めることができるとの改正（八一九条四項）が提案されているため、これがそのまま実現するならば、父母の共同親権行使も可能である。よって、婚姻を削除した場合、親子関係の効果についても大きな問題は生じないように思われる（なお、法律上の親は子に対して金銭的な扶養義務を負う〔八七七条一項〕ため、養育費を支払う義務がある）。

2　性規範の提示

現行の民法の婚姻に関する規定の中には、一定の性道徳に関する価値観を示しているものがある。たとえば、七三二条は、既に配偶者がいる人が重ねて婚姻することはできないとし、七三四条から七三六条は、近親者間で婚姻をすることはできないとする。また、七七〇条一項一号は、配偶者に不貞な行為があったときには、他方は、離婚の訴えを提起することができるとしており、この不貞な行為とは、配偶者以外の者との性的関係を意味するものと理解されている。なお、性行為の結果である子の誕生についての責任を行為者が引き受けなければならない（つまり法律上の実親になる）というのも、一つの性規範の現れといえる（この性規範とは異なる世界を描く小説として、村田、2018）。民法から婚姻を削除した場合、これらの規定が体現していた性規範の取扱いが問題となる。

■従来の性規範とは異なる生き方をしたい場合

婚姻制度廃止論やブレイクの「最小の結婚」のような考え方に基づくのであれば、性規範を民法が定めることは望ましくないのであり、削除された方がよく、これに代わるものは何も民法上には存在しなくてよいということになりそうである。たとえば、「結婚」した人の性関係は排他的であるべきである（結婚相手以外の人とは性的関係を結ぶべきでない）という道徳に関しては、性的自由を拘束する不当なものだという考えた上で、当事者が合意をするのであればそれとは異なる関係があってもよいのかもしれない。

しかしながら、民法の法文から性規範に関するものを廃止するというだけでは、結局、多数派の性道徳によって法的紛争が判断される可能性を残すように思われる。たとえば、日本において、ポリアモリーを実践しようとして合意をし、三人以上の当事者で関係を結んでいたが、その関係が破綻したとする。その際、当初の合意に基づいて共同生活に関する請求を一人が行ったとしても、その他の一人（この関係に次第に不満を抱いていた者）が、このような関係には実は入りたくなかったとか、このような関係は公序良俗違反で無効だといった主張をすることは大いに考えられる。このようなとき、多数派の性道徳に依拠する裁判官が、公序良俗違反無効との主張を受け入れる可能性が否定できないのではないか[6]。規範は、できるだけ明文化されていた方が、予見可能性と法的安定性を確保することができ、かつそれを不服とする場合にはその規範の改正を求めることができる分、マシなのかもしれない。

他方で、本当にすべての性規範を民法から排除して、当事者の合意のありなしだけに任せてしまっていいのかという怖さもある。立場の有位性を利用して、形ばかりの「合意」を引き出し、その「合意」を口実にしてその関係を強制するということが頻発しないだろうか。たとえば、ある男性が、両親と不仲で行き場がなく困っている女性に対し、自己の有利な立場を利用して「夫婦双方が貞操義務を負わない自由な結婚の形」を提案し、女性がそれを一度了承した。女性はその後、女性自身にも複数での性関係を強いられるその関係のあり方に疑問を抱くようになったが、一度了承してしまった自分が悪かったのだと考えて、我慢をするしかないというようなことが起こってしまわないか。

結局、とりわけ性愛がからむ場合には、当初の関係が良好な時点で約束したことと、不仲になった時点で当事者がとる行動とが異なることがあり、その心変わりが、当初の前提の変化のために仕方がないという場合と、変化を許すこと自体が不正義であると思われる場合とがある。さらに性規範に関わる問題は、場合によっては、人権を侵害する可能性がある。公序良俗（九〇条）は、これらを考慮する場として働いてきた。婚姻を削除した場合でも、このような課題は、九〇条によって一定の対応がされるように思われる。

■従来の性規範と同じ生き方をしたい場合

では、従来通り、性的関係を結ぶのはパートナーとだけにすべきであり、それを裏切るような不貞行為があった場合にはもう関係を継続することは難しいと考えるようなカップルはどうなるのか。この場合も、自分たちがそのような考え方を採用しているということを明示するために、契約において、貞操義務やそれに違反した場合の帰結について、予め定めておくということになるだろう。この場合、貞操義務のような性的自由を制約する契約をそもそも結ぶことは可能なのかという問題が生じうるが、貞操を現に強制するのでなく、違反した場合の金銭的制裁を過大でない範囲で規定するだけならば、ひとまず有効に締結できると考えられそうである。実際に不貞行為があった場合には、当該契約に基づいて請求をすることができるということになる。

これに対し、何の契約も締結していなかったが、貞操義務を負うことを暗黙の前提としていたようなカップルの場合にはどうなるか。現行法のような離婚に関する法文が削除されるため、一方の不貞によって関係継続が難しいと考えるなら、現実として別れればいいということになる。では、財産的な請求についてはどうだろうか。現行法においては、不貞行為は当該行為を行った者たちによる不法行為であるとされ、不貞をされた者は不貞をした配偶者または不貞の相手方に対して慰謝料を請求することができるという判例法理が存在する（最判昭和五四年三月三〇日民集三三巻二号三〇三頁ほか）。さらに、判例は、不貞行為が原因で離婚に至った場合、不貞をされた者は、離婚自体を損害として、離婚慰謝料を請求することも可能としている（最判昭和三一年二月二一日民集一〇巻二号一二四頁ほか）。また、届出をせずに夫婦同様に生活をしていた内縁の場合においても、関係の不当破棄による慰謝料請求が認められている（最判昭和三三年四月一一日民集一二巻五号七八九頁）。仮に民法から先述の条文が削除されたとしても、当事者が関係に入る際に貞操義務を負うことを暗黙の裡に前提としていたのであれば、このような判例法理の考え方が引き継がれそうである。だが、このように精神的損害として不法行為法において対応する形が本当に望ましいのだろうかという課題は残る。

3　当事者間の利害調整

■財産的利害

民法から婚姻を削除するとなると、夫婦間の同居協力扶助義務や、夫婦財産関係に関する規定（婚姻費用分担請求など）、関係解消時の財産分与請求などの規定も削除されることになる。そうすると、一方的に住居から追い出されるとか、二人の財産の区別がつかなくなった結果「自分の財産」を勝手に売却されるとか、共同生活関係が破綻した際に一方に一切の財産が残らないといった、当事者間での不公平・不正義が起こる可能性がある。

このことを不安に感じる共同生活の当事者は、事前にその対策を講じることになる。当事者間で負う義務の内容や、共同生活にかかる費用をどのように分担するか、共同生活中に取得する財産の帰属や管理をどのようにするか、どのような場合に関係を解消でき、関係を解消する際にはどのような手続が必要か、解消時にはどのような清算を行うか、これらの事項について合意して契約を締結することになるだろう。

現在の夫婦財産契約が削除されることを前提とすると、現行民法にはその他に、委任契約、請負契約、組合契約、売買契約、賃貸借契約などの典型契約が存在するが、「結婚」を望む当事者の間での契約はその中のどれに当たるとも言い難い。強いて言えば、組合契約に近いことになるだろうか。いずれにせよ、契約において適切で十分な内容が定められているならば、契約に沿って解決すれば済むことになる。

しかしながら、多くの当事者の場合には、関係がうまくいかなくなることを想定して事前に細かいところまで適切な契約を結ぶということは困難である。そうすると、何らの対策も講じていないか、契約を結んでいたとしてもその内容が不十分だということになりそうである。この場合は、事後的に、不法行為、不当利得、事務管理、契約の補充的解釈や一部無効などを活用して対応するか、事実上の組合や黙示の意思表示が存在したとして対応することになる。

以上のようにすれば、婚姻制度が存在しなかったとしても、当事者間の財産的な利害調整に関して一定の対処は可能である（ただし、後述の通り、対第三者効の問題がある）。これらの手法においては、当事者間の性愛関係を前提としていないため、アセクシュアルや「友情結婚」の場合の共同生活など、幅広い共同生活に対応しうる点が利点かもしれない。しかしながら、たとえばフランスにおいては、夫婦には、夫婦財産契約を結ばなくても、「共通財産」が形成され、関係解消時にその清算がなされるという仕組みが用意されている（幡野ほか2022）。日本において、（もともとその不正義の是正機能が十分ではなかった）財産分与などの婚姻関連規定を削除して、組合契約等の他の手段で代替するだけでいいのだろうか。夫婦に限らず、共同生活を支え合って送る人達が選択しうる、もっと適切な財産関係のあり方があってもいいのかもしれない。

■非財産的利害

当事者間で財産面以外で問題となるのは、子どもに関する利害の調整である。親の間での関係が破綻した後、子どもをどのように育てるか。子に関する問題は、それまでの子育てにおける父母のあり方、父母の感情的対立、子の利益保護の必要性などがからむ点で解決が難しい。現行民法には、離婚時に夫婦は子の監護や面会交流、監護費用（養育費）について取り決め、協議が調わない場合には家庭裁判所が定める旨の規定（七六六条）が存在し、この規定は、離婚成立前の夫婦や、婚姻していない父母（七八八条）においても適用されてきた。

民法から婚姻が削除されると、七六六条も削除され、根拠条文は存在しないことになる。しかし、当事者がこれらのことについて書面を交わして合意することは可能であると考えられ、合意があれば現状と変わらない形になりそうである。（ただし、現行法下でも、それが子の利益に合致した合意内容であるかどうかについては裁判官等の第三者がチェックする機会がなく、子の福祉の観点からは問題がある。）他方、合意ができない場合には、七六六条を根拠とすることができないため、家庭裁判所の審判を求めるには立法が必要になるのではないか。現在国会に提出されている法律案が実現すれば、面会交流については家庭裁判所に判断を求めることができることになる（改正案八一七条の一三）。

〔大島　梨沙〕

4　第三者との利害調整

■日常家事債権を有する第三者との関係

現行民法には、日常家事債務について夫婦が連帯責任を負う旨の七六一条が存在する。これが削除されるとした場合、「日常家事」に関する債権であったとしても、その債権を有する第三者は、当該取引の相手方債務者に対してしか、請求をすることができないということになる。そうすると、十分な自己名義財産を有していない当事者は、一切の取引をしてもらうことができないということにつながる。

すべて個人単位で考えるべきだとするならそれでもよいとの評価になるのかもしれない。

他方で、自己名義資産を有していない当事者にも取引主体性を持たせようとするならば、債権者が、債務者だけからは債権を回収できない場合、債務者と日常生活を共にしている人に対しても請求できるようにした方がいいと考えることになる。この場合、委任契約を結んで一方が他方に対して代理権を与えることによって、または、代理権を与えていたと解釈することによって、解決することができる。ただし、この後者の解釈をあまりに拡大しすぎると、不本意に債務を負うことになる当事者が生じることに注意が必要である。

■一方の債権者との関係

現行民法においては、夫婦の一方が多くの債務を負った場合、夫婦が離婚し、債務者たる一方から他方に財産分与を行うことによって、すべての財産を債権者に差し押さえられるのを防ごうとすることがしばしば見られる。このような財産分与は、そのすべてが詐害行為取消の対象となるわけではなく、財産分与として不相当に過大な部分についてのみ、取消対象とされてきた（最判昭和五八年一二月一九日民集三七巻一〇号一五三二頁）。民法から婚姻を削除した場合、このような手段を用いることはできなくなるが、債務者と共同生活を送る者に何の配慮もしなくてよいのかという課題は残る。共同生活契約に基づいて、共同生活者から債務者に対する債権が発生していたと構成し、同様の帰結を生じさせるという可能性が考えられないわけではない。

とはいえ、この問題も、もともと貧弱な「夫婦財産法」を強化するような立法によって対応すべき課題かもしれない。

Ⅲ　何らかの新たな立法が必要ではないかと思われるもの

以上に対し、現行の婚姻制度が民法において果たしている機能のうち、既に存在する他の手段では代替が難しく何らかの立法が必要ではないかと考えられるものもある。

1　死亡保障

最も大きな影響が出るのは、相続権ではないかと思われる。法文からの削除により、配偶者の相続権が失われてしまうと、ある人が死亡した場合には、死者の子や直系卑属、そのような人たちがいない場合には死者の直系尊属、そのような人たちもいない場合には、死者の兄弟姉妹（またはその子どもたち）だけが相続権をもつことになる（八八七条、八八九条）。場合によっては、死者と「結婚」していた人は、長年住んでいた家に住み続けることができなくなったり、その後の生活を支える経済的基盤が十分に得られなくなったりする可能性がある。相続は、その影響が第三者にも広く及ぶため、一律の基準で相続人が決まるべきだとされており、解釈によって柔軟に相続権を付与するという解決をとることができない。もちろん、死者が生前に、生前贈与・死因贈与や遺贈、信託、生命保険の受取人指定、さらには普通養子縁組の締結などによって、「結婚相手」の生活を保障できるように準備しておくという方策がないわけではないが、そのような事前の準備がなされていなかった場合には、先述の問題が生じる。

この点に関しては、いくつかの応答が考えられる。一つには、事前に準備しておくべきところ、していなかったのだから仕方がなく、あとは社会保障制度によって対応するしかないという応答である。婚姻制度の契約化論はこの考え方に親和的だろう。もっとも、契約化論の場合、「結婚」する時点で財産面を含む「契約」が存在しているはずであるため、その

「契約」の効果によって、多くの場合はカバーできるということになりそうである。ただし、仮に、その「契約」の中で、たとえば共同生活中に取得する財産はすべて相手との共有にし、持分はそれぞれ二分の一とする、自らが死亡した場合にはその持分を相手に与える旨を契約していたとしても、第三者との関係で、その「契約」の効果をどこまで主張することができるのか、限界があるように思われる。結局、契約の内容または存在を公示するための何らかの制度が必要になるのではないか。さらには、「結婚」する時点で何の契約もしていない人たちも一定数存在するだろうと考えられるため、その場合の死亡保障はすべて社会保障制度によるということになる。

もう一つの考え方は、そもそも「配偶者」だけが相続権によって死亡保障を得られていたのが妥当ではなかったのであり、生前に死者と生活を共にしてケア関係にあった人すべてが同様の相続権を得られるように新たな立法をすべきであるという応答である。ブレイクの「最小の結婚」の考え方はこちらに近いであろう。仮に「被相続人とケア関係にあった人」を常に相続人とする旨の立法をする場合、死者が死亡した時点、すなわち相続開始時点で、相続人をすぐに決定することができないという欠点が生じるように思われる。何らかの形で該当する人を登録しておくことができれば良いかもしれないが、現実にケアを提供していた人と登録されていた人が合致しないということも起こりうる。死者とケア関係にあった人とは誰なのか、簡単には判断できないケースもあるのではないか。この場合、裁判官の判断を仰がなければならないとすると、相続人の確定が遅れるため、相続登記手続や遺産分割をすぐにはできないなどの問題が生じるかもしれない。

また、ケア関係にあった相続人と、その他の血族相続人（被相続人の子など）との法定相続分の割合はどうなるだろうか。現行法の配偶者相続分に相当するものだと考えるなら、ケア関係にあった相続人の相続分は、直系卑属と同時に相続人になる場合には二分の一、直系尊属と同時に相続人になる場合には三分の二、兄弟姉妹と同時に相続人になる場合には四分の三となる。仮にケア関係にあった人が複数いた場合、その間の法定相続分はどの程度の割合と規定すべきなのかも問題となりそうだが、これは、均等としておくほかはないように思われる。ポリアモリーの関係では、関係者全員が合意した上で、ある人に、主位的なパートナーと、副次的なパートナーとが存在する場合があるという（深海２０１５）。この場合、相続分を均等とすることが気に入らないならば、被相続人自身が遺言によって修正するしかないだろう。

〔大島　梨沙〕

2　氏・親族関係の形成

民法からの婚姻の削除を想定する場合、当然ながら、夫婦の氏や夫婦間に生まれた子の氏、親族関係（姻族関係）に関する規定を削除することになる。では、現実に「結婚」して生活する人の氏や、その間に生まれた子の氏はどうなるのであろうか。そして、配偶者や配偶者の血族との親族関係・姻族関係が生じないと何が起こるのだろうか。

■「夫婦」の氏

婚姻が民法から削除されても、従来通り、一方が他方の氏を名乗りたい場合や、結合氏などの現行法にない形の氏を名乗りたい場合、日常生活においてその氏を名乗ること自体は可能であろう。だが、その氏は、「通称」だということになる。よって、（戸籍上の氏でなければならないとされている事項が現在と変わらないのであれば、）銀行口座の開設時や、パスポート申請などの際には、「結婚前」の氏を名乗らなければならないということになる。現在の法において婚姻後も婚姻前の氏を使いたいがために「通称使用」をしている人と正反対の状況が生じるわけである。結局、「配偶者と同じ」氏を望む人にとっては不便であるため、それぞれの人が称したいと望む氏を「正式な氏」にすることができるような、もしくは、「通称」だとしても不便がないようにするための新たな制度が必要かもしれない。

他方、当事者の誰もが氏を変えたくない場合には、そのまま元の氏で生活をすることになり、手続による使い分けも不要となる。

■子の氏

では、子の氏についてはどうなるだろうか。現行法では、嫡出子は父母の氏、嫡出でない子は母の氏が原則となっていた（七九〇条）。婚姻が民法から削除されることによって、すべての子は「婚姻していない母」から生まれると考えるならば、子の氏は原則として母の氏となり、父が認知した場合で父母が合意した場合には、父の氏ということになりそうである。これであれば、現行法のままでも対応でき、現実には大きな問題は生じないように思われる（今の慣習と同じであれば多くの「夫婦」が父の氏を選ぶであろう）。

他方で、嫡出／嫡出でないという区別自体が撤廃されることになるため、七九〇条全体が削除されると捉えるならば、子の氏のデフォルトルールを一から作り直さなければならなくなるとも考えられる。父母が合意して決定できるならそれが良さそうだが、合意できない場合にどうするか。くじ引き、母の氏、父の氏など、様々な可能性がありそうである。なお、フランスでは、両親が合意できない場合は、両者の氏をアルファベット順に結合した氏が子の氏となる（仏民三一一―二一条一項）。ジェンダー平等に配慮したルールといえる。日本に当てはめれば、あいうえお順での結合ということになりそうだが、あまりにもこれまでの社会的慣習とかけはなれているだろうか。

〔大島　梨沙〕

■配偶者との親族関係・配偶者の血族との姻族関係

配偶者との親族関係・配偶者の血族との姻族関係が発生しないとなると、親族に結びつけられた一定の法的効果も生じないということになる。

たとえば、同居の親族間で互いに扶け合う義務（七三〇条）は、「配偶者やその血族」との関係では生じなくなる。「配偶者の三親等内の血族」に対する扶養義務を負う（八七七条二項）可能性もなくなる。これらは、義務を減らすことになるため「結婚」の当事者には歓迎されるのかもしれない。

しかし、実際に「配偶者の血族」に対する何らかのケアや金銭的負担を提供していた場合には、不都合が生じうる。たとえば、仮に、「配偶者の母」の葬儀の費用を負担したとしても、「扶養すべき親族のためにした葬式の費用」とは言えないため先取特権（三〇九条二項）が認められない。また、後見開始の審判の中立権などが親族には認められているが、仮に「配偶者の血族」が事理弁識能力を欠く常況になったとしても、親族とはいえないため、自身は中立てをすることができない。最も大きな不都合は、「配偶者の両親」に対する介護労働を提供したとしても、特別寄与料の請求権者は親族に限られているため、請求をすることができない（一〇五〇条）ことかもしれない。

このような帰結は、親族だけがケア関係に入りケア負担を負うという前提が妥当でないということを示すものといえる。ブレイクや池田の議論をここに当てはめるならば、先取特権や特別寄与料の請求権は、親族に限らず、実際にケア関係にあった人に認められるべきということになるだろうか。このような解決を採用したい場合、解釈論でもできなくはないかもしれないが、立法による手当てがある方が望ましいように思われる。

3　公　示

■関係性の公示

現行の婚姻においては、配偶者である事実は戸籍や住民票において表示されるため、それを各種の手続において提示することにより、配偶者であることを証明することができる。これによって、民間会社が提供するサービスの家族割引を受けられたりする。民法から婚姻が削除された場合、このような公示はどうなるのだろうか。社会において「結婚」が存在している以上、公示を求めるニーズは高いと思われる。本稿では民法だけから婚姻を削除することを想定しているため、戸籍や住民票において独自の基準で「配偶者」として記載されることはありうるのかもしれない。ただし、これまでの社会通念では「配偶者」であると位置づけられていなかった人たちの公示にも対応しようとするのであれば、新たな立法があった方が良さそうである。さらに、「配偶者」以外の地位の公示をする場合、立法が必要になると思われる。

〔大島　梨沙〕

■当事者間契約の対第三者効

現行民法が定める夫婦財産契約の場合、夫婦財産契約登記の仕組みが用意されており、契約内容を第三者に対しても主張できることとなっている（七五六条）。婚姻が削除された場合には、この登記を利用することができない。共同生活に関する契約の内容全体を第三者に対抗したい場合には、新たにそのような公示制度を立法によって整えなければならないだろうと思われる。

4　子育て共同性の承認

■特別養子縁組

現行法では、特別養子縁組における養親となることができるのは、婚姻している夫婦のみである（八一七条の三第一項）。特別養子縁組とは、実父母による養育が著しく困難又は不適当であるため子の福祉に合わない場合に、実父母との法律上の親族関係を断絶した上で、養親との法的親子関係を作り出すものである。縁組の対象となるのは、原則として一五歳未満の未成年者である（八一七条の五第一項）。民法から婚姻を削除すると仮定すると、特別養子縁組の養親となりうる人が存在しないことになり、特別養子制度が立ち行かなくなる。

婚姻の削除後も特別養子縁組制度を存続させるべきだと考えるならば、養親となりうる人を別の形で定めることが必要になる。年齢以外のいかなる要件も設けないという方針もありうるかもしれないが、子の利益を踏まえた最低限の要件を設けることは排除されないだろう。複数の者を養親とするならば、その間の関係の安定性は、その一つの要件となりうるのではないか。

〔大島　梨沙〕

■共同性

現行法においては、子育てを共同で担うのは婚姻夫婦のみだという前提が置かれている。親権を共同で行使するのは婚姻している父母のみである（八一八条三項）し、連れ子と養子縁組をして共同で親権を行使できるのも婚姻夫婦のみ（同項）、第三者たる未成年者と共同で普通養子縁組を締結できるのも婚姻夫婦のみ（七九五条）である。他方で、婚姻夫婦以外では、実際に共同で子育てを行い、かつ共同で親権を行使することを望んでも認められない。このような現行法から、婚姻が削除された場合、親権を共同で行使できる人はいないということになる。解釈によって共同親権が妥当する範囲を広げる可能性もないわけではないが、結局、共同親権は何のためにどのような人たちに付与されるのがよいのか、子の利益の観点から再検討して新たに立法をするのがよいのではないか。現在国会に提出されている改正案は、実現すれば、そのような立法例の一つと位置づけられるだろう。

■小　括

ⅡとⅢで検討したことをまとめると次のようになる。現行民法において婚姻制度が果たしている機能のうち、法的父子関係の形成、性規範の提示、当事者間の利害調整、第三者との利害調整については、婚姻が削除されたとしても、既に民法の中にある他の手段を活用することによって、同趣旨の対処をすることが可能ではないかと思われる。法的側面だけを考えるならば、これらの機能は、婚姻制度がなければ果たしえないものではないといえる。他方で、死亡保障、氏・親族関係の形成、関係性の公示、子育て共同性の承認の四つの機能については、現に存在する民法内の他の手段では代替させにくい。つまり婚姻を民法から削除するだけでは現実のニーズに対する十分な対処ができないため、何らかの立法があった方が良いのではないかと思われる（もちろん、本稿での区分けは筆者の評価にすぎないのであって、何をもって「代替可能」と評価するかについては、別の考え方がありうる）。

最もラディカルな婚姻廃止論に立つならば、これまで婚姻制度が果たしてきたこれらの機能はいずれも、本来、人々の合意に委ねておけばよいものであって、そもそも法がルールを定めるべきような事項ではないということになるのかもしれない。しかし、筆者は、人々の「結婚」生活がそこに現実にある限り、その生活に伴って当事者間や第三者との間で生じうる紛争や不正義に、法がまったく関知しなくてよいわけではないと考える。当事者の合意だけでは解決が難しい、それぞれの場面で生じうる法的課題や、その際の考慮要素については、不十分ながら、本論において示したつもりである。

〔大島　梨沙〕

では、婚姻を民法から削除してしまうと発生しうる、現実の困難に対応しうる何らかの立法というのはどのようなものなのか。ここまでで示した通り、その立法の内容は、必ずしも婚姻に関する従来の民法上の規定と同じ内容でなくてもよいし、従来の民法において「配偶者」に対してのみ与えられてきた効果の一部については、「配偶者」に対してだけ提供されるべきものでないといえる。そのような効果に関しては、必要な人たちに提供できるように改善する余地がある。そうとは言っても、問題が生じうる各場面に応じた個別の立法にとどめなければいけないとは言い切れず、一定の利用の仕方を想定した、法的効果群の提供（つまり「制度」の提供）があった方が、社会に現に存在する「結婚」をした人たちにとって有用であることは否定しがたいのではないだろうか。そうすると、それを「婚姻制度」と呼ぶかどうかは別として、結局は、何らかの制度が必要とされ、立法されることになるのではないだろうか。問題とすべきは、「結婚」をする人たちのために提供される制度の存在自体ではなく、その「制度」の硬直性（現に「結婚」をしている人のニーズ〔の変化〕に対応できていないこと）や絶対性（その「制度」以外の選択が許されないこと）ではないか。

Ⅳ　おわりに —— その先の可能性

本稿では、民法のみから婚姻を削除するという想定で検討したが、思考実験としての婚姻制度の廃止を徹底するならば、民法以外の法からも婚姻が削除されることを考えなければならない。筆者の能力では詳細に立ち入ることができないため、最後に簡単に民法外のことに触れて本稿を終えたい。

1　戸籍はどうなるか

避けては通れないのは、戸籍の問題である。現在の戸籍は、民法に基づき、婚姻した同氏の夫婦を基本単位とし、そこに生まれた子を同戸籍に組み入れることによって、全国民の出生・婚姻・養子縁組・死亡といった事実を把握する形となっている。婚姻を削除する場合、これから生まれる人をどのように戸籍に反映させるかを考えなければならない。母が「婚姻していない」ことになるため、現在の「嫡出でない子」と同じルールを当てはめるという考え方もありえないわけではないが、「嫡出でない子」という概念自体が消滅するはずであるため、どうするかを一から考えることもできそうである。現在の戸籍は、同氏同戸籍原則を採用しているため、子の氏に関するルールが、戸籍の編製にも影響する。もちろん、同氏同戸籍原則自体を改めるという選択肢も考えられるし、そもそも個人籍にすれば、編製方法は単純になる。ただし、相続人に関するルールが現行法通りなのであれば、個人籍にした場合でも、被相続人の個人籍から関係者の個人籍を辿ることによって、誰が相続人かを知ることができるようにする必要がある。

加えて、戸籍が果たしてきた「家族を可視化する」という象徴的な役割を完全に捨象していいのかどうかも検討しなければならないように思われる。個人主義の印象が強いフランスにおいてさえ、相続人確定の手続や、各種の手続における証明のために、親と子どもたちの個人情報を一か所に集めた「家族手帳」と呼ばれる手帳が用いられている。(この手帳は、両親が婚姻をしていなくても、交付される。)日本において、仮に「戸籍」が「個人籍」になったとしても、それぞれの人が「家族」だと感じる範囲の人たちが一つの書面において表示されるような何か、が必要かもしれない。

〔大島　梨沙〕

2　社会における「結婚」はどうなるか

もう一つ考えたいのは、「結婚」に関する社会通念と法との関係である。仮に、法律から婚姻が削除されても、従来通りの「結婚」観が保持されるならば、法解釈もそれに影響されるだろうと思われる。

では、今日の「結婚」観はどうなっているのか。かつては、「お見合い結婚」観が主流であったが、二〇世紀の後半から、「恋愛結婚」概念が広がり、ロマンティックラブイデオロギーが浸透した。しかし今日では、その様相が変わってきているように思われる。たとえば、エッセイストの中村うさぎは、ゲイの友人と婚姻して共同生活を送っていることを公表している。NHKでは、アセクシュアルの二人が共同生活を送るドラマも放送された（吉田2022）。夫婦は必ずしも子をもたなくてもいいし、性的関係をもたなくてもいいし、恋愛結婚でなくてもいいし、男女でなくてもいい……このような考え方はかつてよりも広がってきているように思われる。

このようにして、愛と性的結合と生殖と共同生活とケアはすべて切り離しうるものとの観念が社会で広がるならば、将来的には、法にもその影響が及ぶだろう。これらを切り離して捉える人と、組み合わせて捉える人とが、双方共生できるような制度とはどのようなものか、具体的なあり方を検討することを今後の課題としたい。

〔大島　梨沙〕

（1）「結婚」と呼ぶ場合には、法から離れて、一般に社会において「結婚」としてイメージされているものを指し示すこととする。ある人は、ある特定の人と結婚式を挙げ、共同生活を送り、そこで子を産み育てる。またある人は、結婚式を挙げないままある人と「結婚」したが不仲になって別れ、別の人と「再婚」する。またある人は、独身であるが誰かと「結婚」したいと考え、「婚活」をする。またある人は、高齢になってから出会った人と「結婚」し、二人だけで生活する。このような人々の生活は（少なくともすぐには）変わらないことを前提とする。（もちろん、民法から婚姻が削除されたことが、人々の生活に対しても一定の影響を与える可能性はある。）

（2）母子関係については、そもそも民法には明文がなく、判例（最判昭和三七年四月二七日民集一六巻七号一二四七頁）によって、女性が「婚姻」していようがいまいが、子を産んだ女性が法的にも母となることとされているため、影響がない。

（3）この点について示唆的なのは、男女が逆転した江戸時代を描く、森下良子（脚本）『NHK：大奥』第八話（二〇二三年二月二八日放送）において、徳川吉宗（女性）が、子が自らの子であることは明らかであり、女系で将軍の地位が継承されていく時代であるため、（そして実際に誰が父なのかが分からないため）父を定める必要はないのではないかと述べるシーンである（なおこの台詞は原作漫画のよしながふみ『大奥』第七巻〔白泉社、二〇一一年〕にはない）。それに対し、自分が父だと言い出す男性が複数出て混乱が生じる可能性があるため定めておいた方が良いと言われて吉宗（女性）は一人の男性（卯之吉）を父として指名する。さらに、大奥総取締役の藤波（男性）は、このような吉宗の合理主義は、人情を理解していないと諭す。法的父子関係をなぜ定めるのかを考えさせられるエピソードと言える。

（4）　母も認知できるとなっているが、これは、明治民法の立法者が、婚姻をせずに出産した女性が出産するだけで法律上の母になるのではなく、認知によって法律上の母になるのだと理解していたことによるものである。現在では、分娩者を母とする判例法理が確立したことによって死文化しているが、婚姻関係規定を削除することを想定したとき、出産した女性のパートナーが女性であるならば、その女性が「母」として子を認知することができると解釈する余地が生じるかもしれない。

（5）　嫡出推定との違いがあるとすれば、（生物学上の）父が自発的には子の父になろうとしないような場合に、父子関係を成立させるために裁判費用がかかってしまうことであろう。裁判費用がかかるため、法的父子関係を成立させることを諦めた場合には、子は「父」に養育費を請求できないし、「父」が死亡しても子はその財産を相続することができないということになる。他方で、嫡出推定を適用することができる現行法の場合、分娩した女性の夫が自発的には子の父になろうとしなくても、自動的に父子関係が成立し、夫が子の生物学上の父なのであれば否認することはできない。とはいえ、現行法の場合には、自発的に子の父になりたがらないような人と婚姻してしまい、いくらその後に夫と不仲になったとしても容易に離婚できないという問題が生じるかもしれない。

（6） これに近い事例として、東京高判平成一二年一一月三〇日判タ一一〇七号二三二頁がある。

〔大島　梨沙〕

〈参考文献〉


安念潤司（1998）「家族形成と自己決定」『岩波講座　現代の法一四　自己決定権と法』岩波書店。

安念潤司（2002）「『人間の尊厳』と家族のあり方——『契約的家族観』再論」ジュリ一二二二号二一頁。

マーサ・A・ファインマン（上野千鶴子監訳）（2003）『家族、積み過ぎた方舟』学陽書房。

齊藤笑美子（2017）「婚姻——カップルの特別扱いに合理性はあるか?」谷口洋幸ほか編『セクシュアリティと法』法律文化社。

エリザベス・ブレイク（2019）『最小の結婚——結婚をめぐる法と道徳』白澤社。

池田弘乃（2022）『ケアへの法哲学——フェミニズム法理論との対話』ナカニシヤ出版。

植村恒一郎（2022）「『結婚』に求めるものは『人それぞれ』——『最小の結婚』の主要論点」『結婚の自由「最小結婚」から考える』白澤社。一一頁深海菊絵（2015）『ポリアモリー　複数の愛を生きる』平凡社。

深海菊絵（2022）「一夫一婦制を超えて／のなかで生きる ―― 米国ポリアモリーの現在」『結婚の自由「最小結婚」から考える』白澤社、九七頁。

岡野八代（2022）「『結婚』はどこまでも必要なのか？ ―― ケア関係からの照射」『結婚の自由「最小結婚」から考える』白澤社、一五四頁。

水野紀子（2014）「日本家族法 ―― フランス法の視点から ――」早稲田大学比較法研究所編『早稲田大学比較法研究所叢書（四一）日本法の中の外国法 ―― 基本法の比較法的考察 ――』成文堂。一一七頁
山田昌弘（2019）『結婚不要社会』朝日新聞出版。

幡野弘樹＝齋藤哲志＝大島梨沙＝金子敬明＝石綿はる美（2022）『フランス夫婦財産法』有斐閣。

於保不二雄（1953）「父母の共同親権と親権の行使者」全国連合戸籍事務協議会編『戸籍制度八〇年記念・身分法と戸籍』帝国判例法規出版社、一六七頁。

村田沙耶香（2018）『消滅世界』河出書房新社。

吉田恵里香（2022）『恋せぬふたり』ＮＨＫ出版。

3 〈婚姻の契約法化〉を契約法から考える
――契約・結婚・親密圏

山田　八千子

Ⅰ 序論

■〈婚姻の契約法化〉と契約としての婚姻

家族にかかわる原理的な問題群が生まれ続けている。夫婦別姓や同性婚に関する判例・裁判例が相次いで出され、家族をめぐる立法状況もダイナミックに動いている[1]。家族にかかわる論点として真剣に議論されている一つに、結婚あるいは婚姻の契約的要素をどう扱うかという問題がある。議論されている中身は多様であるけれども、最も極端な立場では、家族法により規律されている法律婚を廃止し、財産法である契約法理論に従い結婚・婚姻を規律する、つまり結婚・婚姻を契約法の典型契約の一類型とするところにまで至る。本章では、法律婚廃止を唱える立場を、〈婚姻の契約法化〉と呼ぶことにする。〈婚姻の契約法化〉という表現を用いるのは、婚姻と契約との密接な関係に着目する様々な議論がある中で、他の立場と区別化し、この立場が法律婚廃止という次元にまで至るものであることを明らかにするためである。〈婚姻の契約法化〉と区別されるべき議論の一つとしては、たとえば、婚姻につき公序としての婚姻と対比するため、婚姻の中にある合意としての要素に着目することで契約としての婚姻に焦点をあてることを主張し、結婚・婚姻における合意の影響を高めようとするものの、契約法ではなく家族に固有の法である家族法で規律することについては堅持する立場などがありうる。

■結婚、婚姻、法律婚の用語法

日本語では、結婚、婚姻、法律婚という三つの用語が使いわけられているが、英語の marriage は法制度に基づく結びつきに限定して用いられるのが一般的で、日本語でいうと婚姻ないし法律婚が marriage に該当する。これに対し、日本語の結婚は、婚姻届を出さないが届け出以外は事実上婚姻とは異ならない生活を営む事実的な結婚つまり事実婚という用語を使われることにも示されるように、結婚は、必ずしも法的な婚姻のみを指すとは限らない。本章では、結婚という用語につき法制度とは結びつくとは限らないものの日本社会では夫婦として社会的実体を有するもの、法律婚という用語につき民法典親族編相続編のような家族法や戸籍法等で規律されているもの、婚姻という用語につき法制度と結びつくものの家族法のみならず民法典第三編債権にある契約法（財産上の契約に関わる規律の総体）でも規律されうるもの、という用語法をそれぞれ用いる。もとより使い方に異論がありうる用語法ではあるが、指示内容を明晰にするための用語法として採用する。とはいえ、わたしたちの日常の感覚的にも違和感のない用語法であろう。

〔山田　八千子〕

■契約自由の原則と結婚・婚姻

婚姻の契約化あるいは婚姻の契約法化という標語を用いて、契約自由の原則などの契約法理や法技術を結婚・婚姻の領域において機能させることは、法律婚を規律する家族法が問題点を含み現行の家族法の改正により問題が解消できないという状況を背景にし、結婚や婚姻の合意の要素を尊重するという立場にたてば、しごくもっともなことのようにも思える。しかし、他方で、愛情はお金でははかれないという言葉が示すように、情緒的な絆や愛情で結びつけられている結婚・婚姻に、契約自由の原則のような契約法の諸原理を適用し、結婚・

婚姻の契約化を軽々に進めることは危険であり、かつ筋悪（すじわる）な途にも思える。契約自由の原則は、自由な交換や市場経済原理と密接に結びついており、市場は、本来、財・サービスのような商品が貨幣に換算される場だからである。仮に、これが夫婦のみならず親子関係まで含むいわゆる家族の契約化まで進むと、より一層違和感は拡がる。たとえば効率性を理由にして売買契約による養子制度の導入を進めるという立論は強烈な異論をもって受けとめられるだろう。

　しかし、こうした婚姻・結婚に契約自由の原則その他の契約法理等を適用するべきでないという立場に対しては、以下のような法律婚廃止側からの再反論も想定できる。

　契約法は、売買契約のような単発的に起こる対等当事者間の財の移転・利用だけを規律する法ではない。日本民法典の契約を規律する条文中でさえも、対等な当事者間で結ばれることを予定する売買契約とは異なる関係の契約当事者間の関係を規律する法的ルールがある。たとえば、当事者間の信認関係に基づく委任契約（民法六四三条〜六五六条）、共同の事業を営むことに基づく組合契約（民法六六七条〜六八八条）がある。結婚・婚姻により生じる当事者間の権利義務関係は、無償の委任や組合と類似しているのではないか。また、売買契約であっても、一回限りの売り買いのような単発的な関係ではなく継続的な関係もあり、こうした継続的な関係では信頼関係も権利義務関係に影響を及ぼしうる。財産の利用の典型契約である賃貸借契約でさえ、財産の性質上から一定期間の継続的な関係にならざるをえない場合があり、典型的なものは不動産の賃貸借契約であって、まさに賃貸借契約の中心的類型である。不動産の賃貸借契約では信頼関係が極めて重視されるから、不動産賃貸借契約については、当事者同士の情緒的絆を重視する結婚・婚姻と、信頼がキーワードである点で共通性がある。

このように契約類型を具体的に分析していくならば、結婚・婚姻だって契約法に組み入れてもよいのではないかという、結婚・婚姻の契約法化を推奨する側の再反論も容易に予期できるのである。(2)

■法律婚廃止論提唱の原因 ── 同性婚という問題

日本の家族あるいは結婚・婚姻において社会問題や司法における話題となっている論点の一つは、同性婚、とりわけ同性婚の憲法適合性の問題である。同性婚が法制度として認められない日本の現状に対する異論は、主として二方面からあらわれている。

一つの主張は、同性婚を法制度として認めるべきであって、認めていないのは日本国憲法一四条、二四条に反するという主張である。世界レベルでは同性婚を制定法化する国は少なくないが、周知のように、日本では同性婚は認められていない。これに対し、二〇一九年四月以降、「婚姻の自由をすべての人に」（同性婚）訴訟と呼ばれる訴えが複数提起され、第一審である地方裁判所の判決が相次いで出されている。そのうちのいくつかの裁判例では、同性同士のカップルが異性同士のカップルと同じく婚姻できない状況を違憲状態である（東京地判令和四年一一月三〇日、福岡地判令和五年六月八日）、あるいは違憲である（札幌地判決令和三年三月一七日、名古屋地判令和五年五月三〇日）と判示されている。同性婚と憲法規定をめぐる司法の判断は、今後、残りの地方裁判所の判断、そして控訴により高等裁判所、最高裁判所の判断が出されることになるだろう（[綱森 2024]）。近い将来、日本において、同性婚を法制度化するという可能性はあり、少なくとも立法の場面で、法律婚としての同性婚や異性婚と同様の便益を同性カップルに保証するパートナーシップ制度の立法化が進む可能性は高いかもしれない。

もう一つの主張は、異性婚と同性婚を問わず、法律婚という制度を拒絶、つまり結婚・婚姻にかかわる家族法のような固有の法制度を否定するという立場に基づく主張である。この主張は、一つ目の同性カップルに婚姻制度を利用させないことを問題視する主張を超えており、本章は、この立場に焦点をあてる。法律婚の廃止という主張は、結婚を法の世界から締め出して共同体の慣習に支配された状況に戻すという類いの主張ではもちろんなく、結婚を売買契約、委任契約のような財産的契約とパラレルに扱うということを想定している。つまり、これが本章でいう〈婚姻の契約法化〉の主張である。

〔山田　八千子〕

■〈婚姻の契約法化〉と契約法理論

この〈婚姻の契約法化〉という主張は、伝統的な家族観 ── それがどういうものかそれ自体争いがあるところだろうが ── を有する人たちから反対されることは当然である。しかし、伝統的な家族観とは無関係な契約法理論側から、この婚姻の契約法化の主張はどう受けとめるべきなのだろうか。

本章では、〈婚姻の契約法化〉の主張について、まずは、その背景や内容を明らかにする。そして、契約自由の原則と市場原理と重視する立場から、〈婚姻の契約法化〉にまつわる違和感、親密な関係としての親密圏に含まれる結婚が法律婚という枠を外されて契約法理に委ねられたとき結婚以外の親密圏はどのような影響を受けるのか、等しく契約法理に服するという構図になるのかなどの疑問を示したい。繰り返しになるが、本章で示されるのは伝統的で保守的な家族観とは切り離した地平での違和感や疑問である。なお家族に関わる法制度や社会制度はすぐれて、政治的状況や社会的状況に影響を受けやすい分野であるがゆえに〈婚姻の契約法化〉の検討にあたっては、取り扱う主たる対象は日本法である。

Ⅱ 法律婚への懐疑と反婚・最小婚

■日本の家族制度の変遷と戸籍

第二次世界大戦後に民法典第四編第五編が改正される以前、家族の範囲を画していたのは、民法七三二条一項であり、当該条文では、「戸主ノ親族ニシテ其家ニ在ル者及ヒ其配偶者ハ之ヲ家族トス」とされていた。「其家ニ在ル」とは、有形の家屋を指すのではなく法律上の家籍（家ごとに、その戸主や家族の氏名、年齢、続柄などを記した文書）を指しており、実際上は同一戸籍に在る者が同一の家に在るとされていた（［梅 1899: 14–15］［民法議事速記録五 1984: 498–507］）。これをもって、戸主を家長とする家制度がとられていたとされる。その後第二次世界大戦後に改正された第四編親族第五編相続には「家族」という文言は消えているものの、「家族」という文言は、民法典以外の法律では戦後も依然として用いられており、日本国憲法二四条二項にも、「配偶者の選択、財産権、相続、住居の選定、離婚並びに婚姻及び家族に関するその他の事項に関しては、法律は、個人の尊厳と両性の本質的平等に立脚して、制定されなければならない。」とされ、第二次世界大戦前の戸主制度・家制度において重要な役割を担った「家族」という用語自体は生き続けている。

上記の家制度を廃止し家族という用語を用いていない戦後の民法典においては、憲法二四条にいう家族に対応しうる法律用語としては、夫婦、親子に加え、親族、血族、配偶者、婚姻により生じる姻族などが挙げられるだろう。民法七二五条において、六親等内の血族、配偶者、三親等内の姻族を親族とするとし、同七三〇条において、直系の血族および同居の親族は、互い扶けあわなければならないとし、民法八七七条において、一項で直系血族および兄弟姉妹は、お互いに扶養する義務があるとされ、特別事情があるときは、三親等内の親族間においても扶養の義務を家庭裁判所が負わせることができるとされる。ただ、直系の血族および同居の親族、兄弟姉妹、あるいは特別事情のあるときに扶養義務を負うとされる三親等内の親族も日常用語で使われる家族とは必ずしも同義ではないだろう。

そして、七三九条の「婚姻は、戸籍法（昭和二十二年法律第二百二十四号）の定めるところにより届け出ることによって、その効力を生ずる。」や七八一条の「認知は、戸籍法の定め

〔山田　八千子〕

るところにより届け出ることによってする。」として、団体としての身分登録の制度であって且つ廃止された「家」制度の「家」の境界画定の役割を果たした戸籍は、戦後の家制度を廃止した親族法においても、いまだなお同じ「戸籍」という名称でもって夫婦や親子を公証する役割を果たし続けていることも確認しておきたい。

■異性単婚夫婦という家族モデルの定着

戸籍という制度と結びついている点で家制度の残存があるとはいえ、現在の民法典第四編親族つまりいわゆる親族法では、夫婦と親子がその中核になっているといえよう。これは、一対一で継続的な性的な関係を取り結ぶ夫婦（異性単婚夫婦）と当該夫婦間の生殖により造られ養育される子どもという組み合わせと言い換えることができる。こうした組み合わせを家族形態の中核におく、ヨーロッパの近代的婚姻制度は、近代以前の「家父長」を頂点とする共同体の支配関係からの離脱という文脈とその限度では、平等で独立した当事者の間の権利義務の関係に基づいていると標榜される。異性単婚夫婦に限られるとはいえ、つまり同性婚を含まない意味で限定的とはいえ、共同体の支配関係から独立した、平等で独立した当事者間の権利義務関係で構成される法律婚は、個人間の合意を尊重しているという属性から、共同体の支配する婚姻より望ましいものとされている。

もっとも、こうしたヨーロッパの近代家族像や系譜をそのまま日本社会にあてはめることは慎重にならざるをえない。これはヨーロッパ近代の社会制度や法制度を日本法で受容するときに常に意識されることではある。では、日本社会の文脈では、異性単婚夫婦モデルはどのように評価されているのか。少なくとも司法の現場では、家族として社会的な承認を担保する婚姻は、ヨーロッパ同様、個人の尊重と深く関わりのあるものとして把握されているといえる。

たとえば、前に挙げた同性婚についての二〇二二（令和四）年の東京地裁判決の判決文をみてみよう。

当該判決の判示中の憲法一四条一項の適合性にかかわる箇所では、以下のような記述がある。

「婚姻を異性間のものとする社会通念の背景は、夫婦として共同生活を送りながら、次の世代につないでいくという古くからの人間の営みがある。」（判時二五四七号四五頁以下、六三頁）とか、あるいは同二四条二項の適合性にかかわる箇所で「婚姻することによって社会内で家族として認知、承認され、それによって安定した社会生活を営むことができるという実態がある」ことを認めたうえで、「同性間の人的結合関係については、法律上、このような社会的交渉を受ける手段がないため、社会内で生活する中で家族として扱われない不利益を受けている。」とし、具体的には、「パートナーが医療機関で診療を受けた際に家族として認められなかったために病状の説明を受けられなかったり、入院の際の保証人になることができなかったりするなどの」原告の不利益が挙げられている（同六五頁）。そのうえで、パートナーと家族になり、共同生活を送ることについて家族としての法的保護を受け、社会的公証を受けるための制度（パートナーと家族になるための法制度）が設けられていないことについて、個人の尊厳に照らして合理性を欠くものかどうか、制度がないままで放置することが国会の立法裁量を超えているかどうかが憲法適合性の文脈で検討されている[3]。日本においても、ヨーロッパ近代から端を発した異性単婚夫婦という家族モデルは、一定程度に定着しているといえよう。

■標準的家族モデル

異性単婚夫婦については、ある種の標準的な家族モデルと結びついて語られることも多い。もっとも、以前から、日本の民法学においても、標準的家族モデル喪失が指摘されてきた。モデルとして、より厚い内容である、いわゆる性別役割分業型（夫が職業労働による生活費の負担、妻は現実の家事・育児労働による負担で民法七六〇条の婚姻費用分担義務を実現する分業）の婚姻家族は、すでに二〇年も前に、離婚の増加、婚姻年齢の上昇、高齢の者の増加、単身者、単親世帯や高齢の夫婦だけの世帯が増えたことなどから、消失が指摘されてきた（[二宮 2002]［二宮 2010]）。

しかし、もう少し薄いタイプの標準的な家族モデルも考えられる。性別役割分業型から切り離されたモデルであり、性別役割分業と切り離されているものの一名の男性の夫と一名の女性の妻から構成される（加えて夫婦の子供もいる）ようなこうした標準的な家族モデルは、いまだに家族・身分関係の法制度においては、典型的なスタイルとして機能している。民法や戸籍法のような法制度によって婚姻している当事者に提供される権利や義務は、個別な当事者が自発的に設計するのではなく、法によって画一的に法制度のパッケージとして提供されているのである。ここでいうパッケージとしての提供とは、法律の規定をデフォルトルールとし、ルールの取捨選択を個人に委ねるのではなく、使う場合には全部まとめて使うという選択肢しか与えられていないということを意味する。対照的に、契約法においては、デフォルトルールつまり任意規定が大部分であって、当事者は民法の条文の一部を使い一部を使わないという利活用ができるのである。

このように標準的な家族モデルを想定して権利義務をパッケージ化した法制度の所産としての法律婚は、より多様化した「ライフスタイル」を支援するという要請には十分に応えきれるものではなく、むしろ、多様なライフスタイルを排除する形で機能する可能性さえある。特定の家族モデルに公序としての特権を付与する帰結を生じる親族法については、消極的な評価があるのは当然であり、どのようなライフスタイルであっても、家庭生活の実態に即した価値中立的な法的処理、生活保障をするべきであるとも考えられる（[二宮 2017: 88-90]）。

■法律婚への異議申立て

本書の執筆者の一人である安念潤司は、以前から契約主義的家族観に基づき婚姻法の廃止を主張しているが、法律婚への異議申し立ては、実定法学では必ずしも一般的ではない（[安念 2002]）。他方、哲学の領域では、結婚あるいは婚姻の境界線を疑う論者は、必ずしもそう稀ではないようである。異性単婚（異性との間の一対一の結婚）という伝統的な結婚が法的制度により保護されること自体への疑問を投げかける主張は強力に唱えられてきた。たとえば、本書の執筆者の一人である堀江有里は、センセーショナルに響くかもしれないと留保をつけた上で、反婚という概念を掲げ、反婚という概念を「〈結婚〉をめぐる法制度の保護や、それを支える社会的文化的な価値観を問うこと、また一対一というユニットを中心として〈家族〉を形成することを〝当たり前〟とするあり方を問うこと」と暫定的に定義する（[堀江 2015: 193]）。堀江が反婚と呼ぶ当該思想は、結婚の境界線を疑う、とも言い換えられる。

ポスト平等主義のフェミニズム法理論の立場から、法的カテゴリーとしての婚姻の廃止、それにともなう性関係に基づく法的特権をすべて廃止するという主張を本格的に展開する論者としては、マーサ・A・ファインマンがいる（[ファインマン 2003: 246-250]）ファインマンは、いわゆる近代家族の伝統はたかだか三世紀に過ぎないとし、財産法（Property Law）、契約法（Contract Law）、家族法（Family Law）という私法の三本柱のうちの家族法の見直しを主張する。そして、家族法は、社会的に優遇されている親密な結びつきの場としての家族単位、理想化された家族を規制する目的のために定式化されたものであるとして、法的カテゴリーとしての婚姻の廃止、契約法、財産法、不法行為法や刑法に委ねることを提唱する（[ファインマン 2003: 248-250]）。ファインマンの立論は、いわゆる標準的な家族モデルへの忌避が根底にあると表すこともできよう。

■家族イデオロギーの再生

もっとも、一連の「婚姻の自由をすべての人に」(同性婚)訴訟に対し地方裁判所が違憲あるいは違憲状態であると宣言することは、立法はなされていないとはいえ、司法の場においてではあるが、家族としての社会的承認は個人の尊重と深く関わりのあるものとして受け止められるようになった徴表ともいえる。異性単婚夫婦を超えた同性カップルに同様に社会的承認を求めるべきという立論の方向性は、同性カップルの社会的承認を求める側からは、むしろ歓迎すべきことであって決して警戒したり忌避したりするべきことではないようにもみえる。しかし、〈反婚〉を掲げる堀江は、それでもなお、こうした方向性に対して警戒心を露わにすると予測される。この警戒心の中核にある懸念は、婚姻の結びつきを強調することにより、家族が情緒を携えて一体感を育むという家族イデオロギーへ誘導されることへの懸念である。

同性間の婚姻を認めない法令を違憲とした司法判断として有名なアメリカ合衆国連邦最高裁判所のObergefell判決は、二〇一五年六月二六日、婚姻の要件を異性カップルに限り同性間の婚姻を認めないオハイオ州等の規定につき、アメリカ合衆国憲法のデュー・プロセス条項および平等保護条項に違反すると判示した、同性カップルに結婚する権利を肯定した重要な判決であるとされる（Obergefell v. Hodges, 576 U.S. 644）。しかし、堀江は、この判決文中の、婚姻が、愛、忠実さ、献身、犠牲、家族の究極的な理想を体現したものであるとしている箇所について注目し、家族が情緒をたずさえて一体感を育むという家族イデオロギーが表されていると指摘する（[堀江 2015: 198]）。法哲学者の松田和樹は〈婚姻の契約法化〉に積極的な立場をとる論者の一人である（[松田 2022]、[松田 2024]）。松田も、二〇一五年の当該アメリカ最高裁判所の判決に言及した後、同性婚か婚姻制度廃止かをめぐる正義論上の検討に着手する（[松田 2018: 369]）。

〔山田　八千子〕

■理想的関係としての異性単婚夫婦モデル

家族イデオロギーなるものがどのようなもので、どの位影響力を有するものであるのかの評価はとりあえず措いておきたい。異性単婚夫婦＋子どもは、独占的で継続的性的な関係を取り結ぶのが通常であり、ある種の歓迎されやすい理想的関係である。とはいえ、理想化といっても、価値観の多様化が唱えられる現在、この理想化は、積極的にこうした異性単婚夫婦を推奨するという、強いものではなく、そのような関係を構築することに異論を申し立てられない程度の、緩い理想化である。

家族道徳は、価値観の多様化が求められる現在でも、親や親戚ときには同僚・友人・知人が、気安く口出しをしてくる分野でもある。――あなた、○○なんてやめなさい、あるいは○○はいかがなものかという親や親戚や同僚・友人・知人の助言を受けることは珍しくない。この○○に、「離婚」あるいは「独身でいることに」、「子どもを産まないこと」、あるいは「入籍しないこと」などを入れれば、その発言自体は、多様性を無視して望ましくはないと批判される余地はあるものの、言葉の意味としては不自然ではない。しかし、この○○に「結婚すること」や「子どもを産むこと」を、入れれば、少々違和感のある文章になる。少なくとも、現時点では。

一定の条件を充たしたカップルに公証を付与するパートナーシップ制度は、異性単婚夫婦が享受している社会的承認などの利得を、非・異性単婚夫婦へと拡張する結果をもたらす制度である。法律婚としての公証まで付与する同性婚は、同性カップルを法制度の点で異性単婚夫婦に包摂する動きであるという評価ができる。

しかし、実は、同性カップルは、非・異性単婚夫婦として異性単婚夫婦から排除された集合全体の重要な一部ではあるものの、すべてではない。たとえば複婚（ポリアモリー）や近親婚も標準的な異性単婚夫婦の例外として当該集合の要素となりうる。この点では、同性婚やパートナーシップ制度をめぐる近時の動きは、異性単婚夫婦モデルが含まれる法律婚の境界を拡げることで、同時に依然として境界の外にいるものを区別する、排除するということに分かちがたく結びついている。同性カップルを法律婚の枠組みに組み入れることで家族イデオロギーが再生されることへの違和感を示す論者たちの具体的な懸念の原因は、ここにあると考えられる。

はたして、法律婚の境界の拡張への途は、かえって個人の尊重と抵触するような望ましくない途なのだろうか。言い換えれば、個人の尊重のためには、わたしたちはむしろ法律婚の廃止、〈婚姻の契約法化〉の途に進むべきなのだろうか。どうもこのあたりに関する認識や感覚は人によって相当の差がある印象を受ける。

■「最小の結婚」とケア

法律婚の制度を維持することに対する疑問を顕かにしつつも、法律婚廃止以外の構成を用いて結婚制度の法哲学的な再定位を試みるのが、近時公刊されたエリザベス・ブレイクの著書『最小の結婚——結婚をめぐる法と道徳』である（[Brake 2012]）。ブレイクの著書は、最近発表される結婚関連の文献で取り上げられることも多く、この分野の基本文献といえよう。

ブレイクのいう「最小の結婚」という名称は、リバタリアニズムの代表的著作『アナーキー・国家・ユートピア』において、著者ロバート・ノージックが採用する最小国家という用語に由来するらしい。リバタリアニズムは、精神的自由も経済的自由も等しく同様に尊重する政治思想である。最小国家とは、富の再分配により国民に社会保障を提供する福祉国家と対比して、ノージックが提唱する国家形態であって、警察、国防、裁判所などの限られた機能のみを政府に認める。ノージックは、リバタリアニズムとして正当化できるギリギリの国家の像を描き出すために最小国家という表現を用いた。

これに対し、ブレイクの「最小の結婚」とは、現在の結婚よりも国家による規制がはるかに少ない結婚のことを意味し、ブレイクの立場である政治的リベラリズムとして正当化できるギリギリの結婚にかかわる法的制度が描かれている。ブレイクの主張するギリギリの結婚に認められる法的規制の限度は、ケア関係のみであって、ケア関係以外には、性別、配偶の数、関係性の性質や目的に制約を設けることは認められない。ブレイクが「最小の結婚」の提唱を通して、排除しようとしている、結婚を規制する法規範とは、成人間における性愛規範性、継続的な性的な関係を取り結ぶべきとされた異性単婚夫婦像における規範である（[ブレイク 2019: 262]）。

〔山田　八千子〕

■「最小の結婚」とリベラルな平等主義

注意すべきは、ブレイクは、ノージックの最小国家論のようなリバタリアン的政策を採用せず、リベラルな平等主義の立場を採用することである。要するに、ブレイクのいう「最小の結婚」は、国家による差別的な取り扱いの積極的是正を提言する点で、リバタリアニズムとは方向性が大きく異なっている。

ブレイクは、結婚という用語を使い続けることに強いこだわりはない。ブレイクが重視するのは、法的枠組みの是正することで、性的指向に基づく差別のような、過去に国家が犯してきた差別の是正へとつながる途をひらくことである。これらの差別の是正がされるならば、最小結婚という用語は法的人的関係や成人間のケア・ネットワークという用語に置き換えられる方が望ましいとする（[ブレイク 2019: 310]）。ブレイクは、最小結婚という概念を掲げて結婚に関わる家族法を廃止したり、〈婚姻の契約法化〉という途に踏み出したりしないのは、契約とケアの間にある緊張関係が巻き起こした論争を再燃させることを恐れているためである（[ブレイク 2019: 268]）。ここに端的に示されるように、ブレイクの採用している戦略のポイントは、成人間のケアの提供を承認し、その環境支援のための法制度を確立するという目的にあるといえよう。言い換えれば、この目的が実現できるのであれば、法律婚という制度の継続にはこだわらないようである。ただし、ブレイクが重視する成人間のケアの提供と支援は、〈婚姻の契約法化〉によって実質的に叶うとは限らず、むしろ国家の大幅な干渉がなければ過小にしか提供されえないとみる方が現実的であるとも考えられることは指摘しておきたい。

■リバタリアンな家族法と〈婚姻の契約法化〉

〈婚姻の契約法化〉と相性がよい政治思想としてリバタリアニズムが挙げられる。ノージックは法律婚の廃止の論点を明示的に扱っていないが、最小国家を唱えたノージックの属するリバタリアニズムは、市場を重視し、国家による規制に対して警戒感を明らかにするため、法律婚の規制が明らかに減少する〈婚姻の契約法化〉には相性が良い政治思想であるはずだからである（[Nozick 1974]）。もっとも、リバタリアニズムは、ブレイクが重視した成人間のケアを結婚にかかわる規範において特別視することはないだろう（〔橋本 2004〕、〔森村 2020〕）。

リバタリアンが成人間のケアを特別視しないのは、成人間の関係は、いつでも脱退できるべきだし、脱退できる関係だからである。ケアの文脈でリバタリアニズムが重要視しているのは、十分な理性を備えていない理性的個人への発展途上的な人格である子どもへのケアであり、子どもに対しては特別な考慮をすべきだとする（〔山田 2005〕）。たとえば、無政府主義的リバタリアンの代表であるマリー・ロスバードは、自分の体と体を用いた労働により生じる財産権を保有していることから、その自発的交換を含め、あらゆるタイプの財への財産権の構造を導き出されるとする。子どもについては残された難しい問題として扱っている一方で、結婚・婚姻については明示的に扱っておらず、結婚したカップル等については当然にこの構造で処理できる、いわば〈婚姻の契約法化〉は前提としている（〔Rothbard 1998: 97–112（邦訳 114–131）〕）。

そもそも、家族や結婚に境界を設定すること自体が正義に反しているという考え方は十分にありうる。とすれば、家族や結婚に境界を設定すること自体を停止するためには、標準的家族モデルを制度として支える親族法、法律婚に関わる法律を作り替えるのではなく、消失することが理にかなっているともいえる。そして、法律婚に関する法律を消失した後に受け皿の有力候補になるのが財産法としての契約法であろう。しかし、契約法が夫婦や親子関係を規律する法制度としてふさわしいのかは、真剣に検討を要する問題である。

Ⅲ 〈婚姻の契約法化〉への契約法理からの異議申立て

■〈婚姻の契約法化〉への反論は実は困難である？

多様な家族を法的に認めるという戦略ではなく、多様な家族を等しく扱うという戦略へと変更したとすれば、子供については圧倒的に傷つきやすくヴァルネラブルな存在であるから法制度の外にあるべきではないが、成人同士の結合については、法制度の外におき、個人同士の自由にゆだねるというのは、自然なことかもしれない（[岡野・加藤 2010: 8-9]）。こうした意見は、成人同士が自由意志で一緒に暮らそうとか、ある一定期間長く一緒に生活を共にするという同意については、特別な法的な承認をする必要がなく、法律婚に付与されていたパッケージ化された権利義務関係は廃止するということにつながる。法律婚に付与されていたパッケージ化された権利義務関係は廃止されたとき、結婚の基礎に自発的な合意が存在する場合は、当該合意について対応する法制度の最も有力な候補は、契約法である。

さて、いざ家族法から結婚を切り離し、つまり法律婚を廃止し、受け皿として契約法を考えるときには、いくばくかの躊躇を覚えるが、その感覚の正当化論拠を提示しようと考えると、必ずしも容易ではないことに気がつく。

まず、国家のような団体と個人の決定権との関係に着目し、契約法の領域は、個人の意思決定が国家による集合的な意思決定よりも無条件に優越的な地位を与えられるからこそ価値があるのだという反論が考えられる。これに対しては、〈婚姻の契約法化〉は、何か特定の価値に従い当事者間の合意に干渉するわけではなく、売買契約のような市場にある契約と同様に、結婚を成人間の合意の一つとして中立的に扱うのだから問題ないという再反論が可能である。

また、家族は、市場における契約類型と異なり公序としての性格を有しているから、このような公序という性質を有する家族に対する規制は、市場における契約を扱う契約法に馴染まないという反論が考えられる。これに対しては、日本民法では九〇条で公序良俗違反による無効という道具立てを用意しており、これは契約当事者間の合意に適用されるが、この公序良俗違反による規制と公序という性質を有する家族に対する規制は質的には変わらないという再反論が可能である。この公序良俗違反という規制は、パブリック・ポリシーという類型で広く日本法を越えて妥当しうる。

■契約法理との関係 —— 典型契約としての婚姻と内容確定

もっとも、現実に法律婚を廃止して契約類型の一つとして結婚という社会的実体を受けとめるとなると、契約法理の構造やルールとの間に不具合が生じるのではないだろうか。少なくとも日本民法の文脈では、幾つかの疑念が生じる。

第一に、契約が有効に成立する要件として、契約内容の確定しうることが要求されるため、本質的な事項についてはあらかじめ合意しておく、あるいは任意法規として用意する必要があるだろうが、これは可能か。契約法の重要な役割が当事者間の自発的合意を強制執行するという仕組みであることからも主要な部分の確定（可能性）という要件ははずせない。夫婦間の合意について、セックス、生殖、子供の養育、家事や介護を誰がどのように負うのか（ケア）、家計はどのように分担するのか、同居するかどうかなどの様々なファクターが、夫婦という成人間同士の結合にとっては本質的だと思われる。当事者間で事前にこれらすべて同意で設計することは困難であるから、他の契約類型と同様、任意法規を立法することとならざるを得ないのではないか。効率性の観点からも、公平性の観点からも、任意法規の定立は必要である。ただし、効率性の観点からは、標準婚姻契約約款というような、民主的な基盤に支えられず公開で討論を経ることない形で成立するような、どこかの団体が定めるガイドラインや契約モデルで代替することもできるだろう。それが望ましいかどうかは別として。

〔山田　八千子〕

さて、契約の任意規定は日常的に生じる、たとえば売買や賃貸借などの典型的な契約ごとに定められるのが通例である。日本民法では、現在一三種類の典型契約が用意されているが、結婚あるいは成人同士の結びつきは一四番目の典型契約として定めることになるかもしれない。そうなると、典型契約の場合、類型の最初の冒頭の規定で本質的要素が掲げられるのが通例であるが、この点はどうか。たとえば、売買契約であれば、財産権の移転と代金の支払いである。夫婦あるいは成人同士の結びつきという類型の契約において、何か本質的要素なのか、言い換えれば、上で挙げたファクターのどれが欠ければ当該類型の契約として認められないのだろうか。もしブレイクのいうようにケアが本質的な要素であるとすれば、セックス、生殖、子供の養育、家計の分担は行わないが、ケアのみをおこなう関係は、どうか。もっとも、こうした関係は、法制度としては委任あるいは準委任契約が対応できるし、法制度外では第Ⅳ節で扱うような親密圏が対応する。前者はすでに対応するべき法制度が存在し、後者であれば、契約類型が現在一般的に受けとめられている夫婦と性質が違うものになるだろう。また、性的な関係、生殖、養育、ケア関係、家計、生活（同居）のいずれかの組み合わせを本質的要素だとするなら、これらの要素を本質的とすること自体新たな特権化の付与となり、標準的家族モデル論争の再燃となるのではないかとも考えられる。

■契約法理の関係 —— 契約類型の性質

契約法では、典型契約について、対価的関係にあるかどうか（有償契約か無償契約か）、一方が他方に債務を負うかどうか（双務契約か片務契約か）、相対立する意思表示かそうでないかという分類が整えられている。成人同士の結合に関わる合意は、どのような契約類型にあたるかという角度から検討してみたい。

まず、相対立する意思表示かそうでないかという分類については、契約とは厳密にいえば複数当事者の相対応する意思表示（売買・消費貸借・委任等）の合致によって成立するものを指すのであって、相対立せず複数の当事者の内容と方向を同じくする意思表示が合致する場合は契約とは異なる合同行為であって契約ではなく団体の設立行為という位置づけになる、あるいは民法六六七条以下の組合に準じて扱われるだろう[4]。

続いて、有償契約か無償契約か、双務契約か片務契約か、という分類である。介護業務としてのケアを提供する契約は、市場で提供されるなら、報酬の有無より有償の委任契約か無償の委任契約に分類される。これに対し、結婚の場合は、もう少し事態が複雑である。一定の長期間の継続が想定されているため、介護される側と介護する側が固定していないし、家事の分担ということを考えればどちらかがサービスを提供する側で相手が受けとめる側とする側として固定化できないだろう。財産権の交換の類型としては民法五八六条が双務有償契約としての交換契約を定めている。結婚においてはどちらかの当事者が他方当事者にサービスを提供するという点では、交換契約のサービス版つまりサービス交換契約という形になりそうだが、どのようなサービスを交換すると合意するのだろうか。たとえば、一方配偶者が家計を負担し、他方当事者が家事を負担するような契約であれば形式的には想定できるけれども、これ自体が性別役割分業の固定化という非難を免れないだろう。場合によっては第九〇条の公序良俗違反で無効になるかもしれない。そうなると、両方がお互いに必要なサービスを必要なときに交換するというような、極めて漠然として執行の対象にならないような合意内容にならざるを得ない。そうすると有償のサービス交換契約というのは筋が悪い。典型契約として、成人同士の結合を規制するのに親和性がある契約類型は、やはり、上述したような、各当事者が出資をして共同の事業を営むことを約することで効力を生じる組合契約かもしれない（民法六六七条一項）。この出資は金銭には限らず労務も目的となりうるから、結婚の実態にあわせてサービスの提供による出資として柔軟に対処することができる。

■契約法理の関係 —— 関係の解消

契約として扱うのであれば、債権債務関係を終了させる終了原因についても考えなければならない。伝統的な標準的な家族モデルに限らず結婚とは生涯にわたる絆とするのが宗教的な意味では一般的であるが、契約においては関係の解消は、結婚の場面よりも容易におこなわれるし、解消できる地位が保障されていることが必要である。もし組合に準じて扱われるならば、組合であれば、組合の存続期間を定めなかったとき等は、第六七八条一項に「組合員はいつでも脱退することができる、ただしやむを得ない事由がある場合を除き、組合に不利な時期に脱退することができない。」とする規定がある。また、やむを得ない事由があっても任意の脱退を許さない旨の組合契約は無効であるという最高裁判所の判決がある（最判平成一一年二月二三日民集五三巻二号一九三頁）。組合に限らず、契約類型が継続的な関係においては、一方的にこれを離脱する手段の保障をするなどして解消できる状況を保障することが契約法の原則であるが、これに対し、結婚においては、同様に一方的な解消を原則とするのか、それとも、現行法が七七〇条により例外的な（破綻しているなど）場合のみ解消を保障している方向性を維持するのかが論点となるだろう。結婚に宗教的な意味が与えられる場合には終身の結びつきが中核となるが、宗教的な意味が与えられない場合であっても、解消可能性を原則にするのか、例外として認めるのかは重要な問題である。

■交渉力格差問題

〈婚姻の契約法化〉については、当事者間の格差への法的規制についても併せて考えざるを得ない。売買契約に対する消費者契約法、賃貸借契約に対する借地借家法のような問題である。ただし、これらの法律は、構造的に交渉力の高い者と低い者が類型化可能であり、これに基づいて法律を設計することができる。すなわち、消費者契約法にあっては事業者対消費者、借地借家法にあっては土地所有者対建物所有目的で土地を借り受ける者、建物所有者対建物を借り受ける者のような関係である。成人同士の結びつきにおいては、このような意味で強者か弱者かが明らかではない。歴史的な状況を見ると、上述のような日本における戸主としての家父長制や、あるいはヨーロッパにおいても結婚制度が性を支配する制度でありジェンダー支配のシステムであったという指摘や、近代における市民的結婚についても、これを両性の愛情に基づく契約としての結婚としつつも、差別化の倫理としての性差を用い妻に対する夫の優位（＝家父長制）と捉えるとすれば、妻が弱者であり夫が強者として構成する方向性が示唆されるのかもしれない（[若尾 1996: 3-9]）。しかし、未来にわたる制度設計という点で考えるならば、また個別の類型に適切に対応するルールを考えるならば、妻が弱者、夫が強者であるという前提で立法することも問題をはらんでいるといわざるをえない。また、交渉力格差等を踏まえて特別の定立を要請するとしたら、現在の家族法の規定とそう差がなくなるようにも思える。そうなると、現在の法律婚との区別化は、家族法のようにパッケージ化されていないことにより使い勝手のよいものになるという点にある。ただし、後述するように、子供の養育という領域を想定すると、子供の福祉という枠がはまることから、当事者が自由に変更できないパッケージ化されたルール群が多くなるのではないか。なお、パッケージ化されていない場合であっても、特別法により、特定のカップル等を社会的に承認しその裏返しとして排除するカップル等を生じることの不都合性という問題は再燃するだろう。

■子供の養育と親同士の間の交渉力格差

成人同士の合意と未成年としての子供の養育に関わる合意は、無政府主義的なリバタリアニズムの立場でさえ、子供の未成熟さ（一人では生きられない）、傷つきやすさが故に別に扱われ、〈契約法化〉とは馴染まない領域であると認識されている点は前述した。

しかし、結婚当事者間の交渉力格差、これが生み出す子どもの生殖や養育の問題にどう向き合うかは独立した問題となり得る。

成人同士の結びつきについて交渉力格差を是正するための特別法を用意し、子供の養育についても別途パッケージ化された規制ルールの組み合わせを要するのであれば、〈婚姻の契約法化〉を唱える論者の主張は、〈婚姻の契約法化〉に対して反対な立場と実質的にどう異なるのだろうか。

〈婚姻の契約法化〉へ反対する立場と比較してみよう。たとえば、家族法学者の水野紀子は、理性的な人格になる蓋然性が高いが未熟な状態である子どもを養育する夫婦が子どもを協力して育てる関係を人類発祥以来の長い歴史のある制度であって、これを家族の基本単位とし、これを婚姻として「子を育てる繭」として位置づけたうえ、それ以外の関係とは異なる特別の法的保護を与えるべきと、主張する（[水野2023: 29–31]）。たしかに、〈婚姻の契約法化〉を主張する論者は、自由の領域にとどまるカップルに婚姻の効果を準用するのはおかしいと主張する水野の主張とは根本的に異なるものの、成立した法制度の実体では、カップルや子どもに与えられる法的効果自体は違わず、水野が理想とするものと、それほど違わない法制度が、異性単婚＋子ども夫婦より開かれた広い範囲で「平等」に形成されるだけではないかという印象も受ける。いずれにしても、〈婚姻の契約法化〉の論者の主張の帰結は、交渉力格差の問題への態度決定によって大きく異なりうるのである。交渉力格差の問題の解消を夫婦、親子双方で取り上げないという立場をとれば、〈婚姻の契約法化〉論者の主張は極めて独自な位置づけを保持しうるものの、夫婦だけならともかく、親子までも視野に入れて契約法化を主張する論者がどれほどいるのかは疑問である。

■契約関係と親密圏

以上、〈婚姻の契約法化〉に対する契約法からの異論を試みたが、一つは技術的で工夫次第で解消できそうな問題群であり、標準的な家族モデルを措定したが故に承認が受けられない等の不利益を受ける当事者たちの熱量の前では、こうした一種法律家的で哲学的でない（もちろん重要ではあるが）、技術的な、あるいはドグマテック（教義学的な）主張をすることだけで済ますことも躊躇する。また、もう一つの交渉力格差はどのような社会構造を望ましいとするかにより〈婚姻の契約法化〉を唱える論者の中でも、想定される制度や帰結が違いうることが確認できた。

さて、はじめの問題提起に戻ってみよう。結婚という契約類型に対し、パッケージでない形で新たに国家により法定立された任意法規を提供し、法的な拘束力を生じさせることが、何故戸惑いを覚えさせるのであろうか。市場における契約は、価値観も文化的背景すら異なる異質な他者と異質な他者の間で、財やサービスの価格という情報伝達手段のみで合意を成立させる仕組みである。このような契約法の立場からすると、結婚というのは、ある種の「親密な関係」、これは長年の取引相手との信頼関係とは質が違うようなものと分かちがたく結びついており、この点が、どうにも正直にいって得体がしれないことが、一つの原因であることは疑いない。そこで、この市場における契約当事者間の関係とは異なる「親密な関係」ということについて次節でもう少し検討を進めてみたい。

〔山田　八千子〕

Ⅳ　契約関係と親密圏との距離

■愛情は貨幣で測れない？

法によって規制される市場は、商品流通の場であり、財やサービスが貨幣によって換算される。これに対し、結婚あるいは憲法二四条に挙げられる家族の中核にあるものの一つが相手に対する親密な感情である愛情であるならば、こうした愛情は貨幣では測れないのではないのか。とすれば、契約法は結婚とは相性が悪い馴染まない法というべきではないだろうか。

これに対し、夫婦間の関係は愛情だけで説明しつくされるものではないという反論が想定される。夫婦間の生活の扶助、婚姻費用の分担は一般に貨幣で換算され強制執行もされうるのであって、夫婦や家族間の関係すべてが貨幣で換算されない、あるいは強制執行されないというわけではない。(5) 婚姻費用という家計に関連するものの他にも、家事や介護等の労働を提供したり（ケア）、性関係を係属したり（セックス）、子供をつくったり（生殖）、子供を育てたり（養育）、共同生活したり（生活）という関係が生じうる。また親密な感情によって当事者がつながっていることは結婚や家族にとって理想的かもしれないが、必ずしも必要な要件とまでいえない。ただし、離婚の合意がなくても、婚姻を継続しがたい重大な事由（破綻状態）があれば、夫婦の一方から離婚ができるとされるから、当事者間で親密な感情が枯渇してしまったため破綻状態に陥っていると認定されれば離婚が認められることになる（民法第七七〇条一項五号）。ただ、当事者が家庭裁判所に調停を申し立てない限り、司法の手続きは開始しないから、両者が納得ずくの家庭内離婚のように親密な感情は枯渇していても法的な離婚には至らず法律婚が維持される状態も十分にありうる。とはいえ、売買契約や賃貸借契約の当事者がお互いに有すると想定される（有さないことも含め）感情と比較すれば、結婚あるいは家族における親密な感情の存在は当事者の関係にとって極めて重要であるといえよう。

〔山田　八千子〕

■親密圏という空間

当事者間で親密な感情がある関係は、夫婦や親子その他家族には限定されない。親密な感情が交わされる空間は親密圏（intimate sphere）として表されることがある。親密な関係あるいは親密性（intimacy）という用語はわたしたちの日常でも使われるが、親密圏という用語法は、日本語ではあまり馴染みがない。親密圏という概念自体は、ユルゲン・ハーバーマスによって、公的領域である公共圏と私的領域である親密圏との対比により、『公共性の構造転換』の第二章「公共性の社会構造」中の第四節「基本構図」の記述において、小家族的な親密圏（Intimsphäre）として示されている（[Habermas 1990: 86–90（邦訳 46–50）]）。また、この親密圏の概念については、アンソニー・ギデンズの、原著が一九九二年公刊の著書『親密性の変容：近代社会におけるセクシャリティ、愛情、エロティシズム』において、親密性という関係性が変わることで近代の諸制度が変わるような影響力があることや、経済成長ではなく情緒的な満足を得ることを重視する社会への変化について語られている（[ギデンズ 1995]）。

この親密の原語であるIntimateは、元々は性的なロマンティックな関係と強い結びつきが想起される言葉のようであるが、日本語で親密性という表現を用いるときは性的な関係と必ずしも結びつかないのではないか。本稿の執筆者の一人であり家族法学者である大島梨沙は、親密圏という言葉の中に含まれる具体的な意味を分析して、六つの領域でこれを説明する。①継続的な性的な関係（セックス単位）、②子どもを作る領域（生殖単位）、③子どもを育てる領域（養育単位）、④同居共同生活をする領域（生活単位）、⑤家事や介護等のケアの労働を提供し合う領域（ケア単位）、⑥親密な感情によってつながった領域（愛情単位）である（[大島 2014]）。⑥に挙げられる愛情だけではなく、①から⑤という関係の複合物として、親密圏という空間ないし関係は構成されている。大島の記述は定義的ではないから、このうちの要素が一つでも欠ければ親密圏が成立しなくなるというわけではないが、少なくとも⑥については具備していることが必要だあるいは望ましいと思われる。人によっては⑤の要素が不可欠だと考える者もいるかもしれないし、①が不可欠であると考える者もいるかもしれないが、とりあえず、⑥に加え、①から⑤のうちどれかを備えている程度に親密圏をとらえておきたい。そうとらえるならば、異性単婚夫婦や同性カップルのみならず、複婚（ポリアモリー）のような関係も親密圏に含まれうるし、加えて、営利目的ではなく相互に介護しあう高齢の独身の友人知人関係なども含む、家族には限定されない関係を包摂しうる領域を親密圏は意味することになる。

〔山田　八千子〕

■親密圏に対する法的取り扱い

こうした親密圏について法制度は、どのように扱っているのか。

民法は、親族、夫婦、親子等について規定するが、親密圏について規定するものではなく、現行法において、親密圏はもちろん親密という用語を含む法令を発見することはできない。また、地方自治体レベルでは、二〇一五年に東京都渋谷区と世田ヶ谷区がパートナーシップ証明制度を導入して以降、パートナーシップ証明制度を導入する地方公共団体は増加している。もっとも、その内容は地方公共団体ごとに様々であり、当然のことながら、民法や戸籍法で規定される権利義務関係とは同じではない（[大島 2017]）。

では、司法の場面ではどうか。

司法の場面において、判決文自体には親密という用語は用いられていないが、法律婚と区別される親密な関係と法的な権利義務関係に結びつけられるかどうかが争点となり、原審では慰謝料が認められながら、最高裁では否定された事案がある。

最判平成一六年一一月一八日（平成一六年最高裁判決）は、男女関係解消による慰謝料請求が棄却された事件において、性的意味を含んだ意味で親密ではあるが同居していない婚姻外の男女関係について、法的な権利義務関係を認めない判断を下した（最判平成一六年一一月一八日判時一八八一号八三頁、判タ一一六九号一四四頁）。

この平成一六年最高裁判決の原審においては、約一六年間家族関係を継続し、二人の子どもをもうけ、時に互いの仕事について協力し、一緒に旅行することもある等、互いに生活上の特別の他人としての立場を保持してきたという事情があるとき、突然一方的に関係を破棄してそれを破綻させたときには、関係継続についての期待を一方的に裏切るものであって、相当とは認めがたいとして慰謝料請求を認めた。この原審に対し、最高裁は、住居を異にして、共同生活をしたことがなく、自己の生計を維持管理し、共有する財産もない、原告は子どもの養育に関与していない（施設等に預けられる）、子供が法律上不利益を受けることのないようの配慮から婚姻と離婚の届け出を出産の度に繰り返している、意図的に婚姻を回避しているような事情から、両者の間で、無断で関係から離脱してはならないという合意がされた形跡はないとして、以上から、本件の当事者間の上記関係については、婚姻およびこれに準じるものと同様の存続の保障を認める余地はないとされたのである。

平成一六年最高裁判決の評価としては、継続的な親密な関係はあるが非同居・独立生計であり、子どもは生まれたが養育はおこなっていないような、婚姻外の親密な男女関係（パートナーシップ関係）について、その一方的な関係解消に対し、解消された当事者が相手方に対し不法行為責任に基づく慰謝料としての損害賠償の可否が問題になった事案であると類型化され、特別な他人の関係であるとして慰謝料を認めた原審に対し、最高裁は当該事案で慰謝料自体は認めなかったものの、「本件当事者の間の関係については」という限定が最高裁の判旨中に述べられており、他の親密なパートナーシップ関係については、慰謝料請求権が発生する余地があるとも指摘される（[山下 2023: 56]）。

■家族・夫婦と親密圏とのずれと親密圏の再定位

平成一六年最高裁判決にいう特別な他人の関係は、夫婦ではないが親密な関係、親密圏に属する関係でも成りたちうる。親密な関係については、上述では愛情＋αという説明をおこなった。このαには、セックス単位、生殖単位、養育単位、生活単位、ケア単位の組み合わせを入れることができる。この意味での親密な関係は、通常は家族という空間と重なるといえよう。もっとも、家庭内別居のような場面は家族であっても親密な関係ではなく、家族でなくても親密な関係というのは想定することができる。

このように親密圏という空間でおこなわれる営みは複数あるけれども、家族・夫婦とのずれを際立たせる形で親密圏あるいは親密な関係の意味を明らかにするような定義はありうるのか。ここでは、社会学者の筒井淳也による親密性の定義に取りあげて前述とは少し異なる角度から親密圏をみてみたい。筒井は、親密性について「複数の人間が互いの情報を共有し合っており、かつ一定の相互行為の蓄積がある状態」を指すとする（[筒井 2004: 11]）。

法哲学者の那須耕介は、家族と親密圏の「ずれ」について、家族と親密圏と同義のものとして扱うならば、家族というものが抱えるいくつかの大事な側面を見逃し、逆に親密圏を家族と同一視するならば、恋愛関係や友人関係、職場や学校での人間関係など、家族外に形成される親密な人間関係を視野の外に押し出してしまうと指摘し、この二つの概念が一致するという思い込みは、夫婦と子どもという核家族 ―― 本稿の表現を借りれば標準的な家族 ―― を家族の典型と見なすようになった時代と文化の産物であるとする（[那須 2014: 77]）。那須のいう標準的な家族とは、本章でいう標準的な家族モデルとほぼ対応する。

那須は、家族と親密圏の重なり合いの領域を検証するため、家族の定義を、血縁、家名、居住、養育、介護、家産、家計、家業の持続的共有を家族の成立要件とする緩いものとし、他方、親密圏の定義を、前述の筒井の記述に従い、継続的な相互行為を通じて当人たちに関する個人的な情報を共有している人々が形成する圏域の総称であるとする。また、那須は、親密な関係のなかで人々がある特殊な心理的な満足を期待しあっていることを踏まえ、そのような満足感を与えるサービス、たとえばケアが親密な人間関係の中で他より効率的に提供されるとき、この満足感を与えるサービスを親密財という名称で表す。那須は、親密財の提供機能は家族のあり方を規定する主要な要素であるとしつつも、家族が親密財、とりわけケアの提供という役割を独占的に引き受けていく困難を指摘して、解決策を探るものである。

〔山田　八千子〕

そして、結論的には、親密圏や親密財の重要性を認めつつも親密財の提供に伴う家族の中の負担の不均衡と暴力の危険性を回避するために家族を生き延びる工夫が必要として、サヴァイビング・ファミリーズという概念を定立し、家族による親密財の供給に対して再定位をおこなう（[那須 2014: 78]）。

■情報の暗黙的共有という空間

那須の指摘にあるところの、親密圏という空間の特質の一つが、複数の人間がお互いの個人的な情報を共有し合っている状態であることは、契約関係との対比の点で着目に値する。前述したように、親密圏、親密な関係の特性が、言葉で言わなくても分かる良好な関係の良さにあるとしたら、契約法の領域でこうした関係を受けとめることができるのは、信認関係をベースとする委任契約であろう。しかし、委任契約では、信認関係を適切に維持するためには、受任者の請求に応じていつでも委任事務の処理状況を報告しなければならない（民法六四五条）。つまり言葉で伝えずに阿吽（あうん）でわかる関係ではないのであって、むしろ言葉で明らかにすることが信認関係を保障するのである。しかも、委任者と受任者は、委任事項に限定して情報を共有しているが、対等な当事者として情報を共有し合っているわけでもなければ、お互いの個人的な情報を相互に共有し合っているわけではない。（愛情は合意により生成されるのが一般的でないだろうから）セックス、生殖、養育、生活、ケアについては当事者の合意により権利義務関係を構築することができたとしても、親密な関係の核が個人情報の暗黙的な共有であるとすれば、契約関係とはやはり異質なのではないかと考える。

また、那須によれば、親密な関係は相手方が独立で自分の理解や期待を裏切る可能性を秘めた人格として認めずにすませることにつながりかねないという指摘もされる（[那須 2014:79]）。信認関係を基礎にする委任契約かそうでない売買契約かどうかを問わず、市場における契約につき、自分に害悪を加える相手方の有するこうした危険性を捨象して設計することは想定しがたく、そうすることは市場における契約の本質に抵触するのではないかと考える。もちろん、那須は親密圏にあっても、こうした人格のあり方を望ましくないとしてはいる。とはいえ、親密な関係にある当事者間ではこのような危険性を完全に排除することは難しいという点で、親密圏を規律する契約は、売買契約や委任契約とは質的に全く異なっているのではないか。

法律婚という一種の特権が外れた状況が出現した場合、今まで法律婚という枠で把握されていたカップルは、婚姻あるいは標準的な家族モデルの集約としての法律婚には包摂されない様々な関係と並列に扱われうることになる。そこには、親密な関係としての親密圏の空間に含まれる様々な関係も存在する。そして、親密な関係の特性を鑑みると、親密圏を契約法が規律するべきと要請されたと仮定したときに生じる様々な問題こそが、〈婚姻の契約法化〉という主張への違和感の正体の一端を示すのではないだろうか。

V 結語

■〈婚姻の契約法化〉の後に訪れるもの

結婚・家族の問題が語られるときの熱量の高さ・関係する人たちの多様性や範囲の広汎さには、市場と契約を中心に研究してきた者にとっては少々驚かされるものの、現在の法律婚が抱える様々な問題から、むしろ現行の家族制度の解体を唱える立場には耳を傾けるべき点はあるのかもしれない。しかし、家族法や戸籍法のような、いわば「ハード」な国家法が去った後の場面に適用される規範として出現が想定されるのは、本章で検討した契約法あるいは不法行為法や刑法だけではない。日本社会で法制度以上にリアリティをもつ様々な社会規範、ガイドライン、宗教上の戒律などの多元的な秩序が想定され、これらの全ては、たとえば憲法上の個人の尊厳の尊重の視点から、あるいは家族イデオロギーへの対抗の視点から、むしろ望ましくない可能性がある。これらの秩序が法律により防壁がつくられていた夫婦・家族の関係に入り込んでくることに対しどのように向き合うべきかの戦略も、家族制度の解体を志向するのであれば、同時並行的に、いやむしろ先だって検討していかなければならないのではないか。家族法が結婚から撤退したときに訪れると思われる地平に、私たちは熟慮の上でたたずむことが必要である。

■家族法が撤退した後に

公序としての家族法が撤退し、婚姻と婚姻でないものとの境界線が喪失したときにはそれでも残されるのは、上述した親密圏という空間であろう。その空間に漂うもの、お互いの個人的な情報を共有し合っている状態、言わなくてもわかるという状態が生じる心地よさとその裏腹の独立した人格への脅威、暖かで心地よい関係が一瞬にして消失するような危うさがある。こうした情緒的な要素は、いずれも契約法とは馴染みがない。繰り返しになるが、Ⅲ節、Ⅳ節で検討してきたように、契約法理をあてはめようとしても違和感が生じる主要な原因の一つはここにあると考える。

〔山田　八千子〕

契約論的リバタリアンのデービット・ゴティエは、契約の基礎にある考え方、すなわち、お互いに相手方の利害に興味のない人々でも相互に利益になる仕方で、それゆえ自発的に受容可能な仕方で相互作用することができるという考え方は、人類の歴史において人間を解放した偉大なる思想の一つであり、人々が自分の仲間に情緒的に依存しなければならないという要請から、人類を解放したのはこの考え方であった、とする（[Gauthier 1986: 319（邦訳374)]）。この考えは、決して情緒的に依存することを否定したり情緒的な依存が個人にとって必要ないとまでいっているのではなく、情緒的に依存することから切り離される空間を確保したいという控えめな要望である。

家族法が結婚から去った後に契約法が親密圏とどのように向き合うべきかについては、契約法がわたしたちに与えてくれた「情緒的な依存関係」からの解放という視点からも再考してみるべきではないか。

（1） 親子関係に関する基本的な規律等に関わる、現在進行中の家族法制の見直しに関しては、以下を参照。https://www.moj.go.jp/shingi1/housei02_003007、法制審議会の家族法部会第二〇回でとりまとめられた中間試案については、[商事法務編 2022]。

〔山田　八千子〕

（2）結婚・婚姻あるいは親子のような家族間の信頼関係と市場当事者間の信頼関係については、後者は異質な価値観を抱いた者たちが協力し合えるという意味での合理的な信頼であって、継続的契約のような場面でさえも、家族における信頼の質が異なるという指摘もある［山田 2008: 66－68］。

（3）憲法適合性の文脈の検討文献は多数公刊されているが、とりあえず［春山 2023］、［綱島 2024］を挙げる。

（4）契約と合同行為との差については［四宮 1987: 143－144］。

（5）東京・大阪の裁判官の共同研究の結果作成された、いわゆる養育費・婚姻費用の算定表は、夫婦間調整や離婚事件において相応の影響力を有している。https://www.courts.go.jp/tokyo-f/vc-files/tokyo-f/file/santeihyo.pdf。

〈引用文献〉

Brake, Elizabeth（2012）*Minimizing Marriage: Marriage Morality, and the Law*, Oxford : Oxford University Press. エリザベス・ブレイク（久保田裕之監訳）『最小の結婚 ── 結婚をめぐる法と道徳』（白澤社、二〇一九）。

Gauthier,Divid（1986）, *Morals by Agreement*, Oxford: Oxford University Press. ディビッド・ゴ

ティエ(小林公訳)『合意による道徳』(木鐸社、一九九九)。

Habermas, Jürgen (1990) *Structurwandel der Öffentlichkeit: Untersuchungen zu einer Kategorie der bürgerlichen Gesellschaft* (*Neuauflage*), Suhrkamp. ユルゲン・ハーバーマス(細谷貞雄・山田正行訳)『公共性の構造転換 —— 市民社会の一カテゴリーについての探究 第二版』(未来社、一九九四)。

Nozick, Robert (1974), *Anarchy, State, and Utopia*, Brackwell. ロバート・ノージック(嶋津格訳)『アナーキー・国家・ユートピア (上)』(木鐸社、一九八五)、ロバート・ノージック(嶋津格訳)『アナーキー・国家・ユートピア (下)』(木鐸社、一九八九)。

Rothbard, Murray Newton (1998) *The Ethics of Liberty*, New York University Press. マリー・ロスバード(森村進・森村たまき・鳥澤円訳)『自由の倫理学 —— リバタリアニズムの理論体系』(木鐸社、二〇〇三)。

安念潤司(2002)「『人間の尊厳』と家族のあり方 —— 『契約的家族観』再論」ジュリスト一二二二号二一—二九頁。

梅謙次郎(1899)『民法要義 親族編巻之四』和仏法律学校。

大島梨沙(2014)「親密圏の多様化に家族法はどう対応するか —— 日仏比較の視点から(シンポジウム親密圏と家族)」法律時報八六巻三号六五—六九頁。

〔山田　八千子〕

大島梨紗（2017）「パートナーシップ証書発行」から考える共同生活と法（特集 LGBT と法）、法学セミナー六二巻一〇号四六―五〇頁。

岡野八代・加藤秀一（2010）「対論　新しい『親密圏』を求めて」岡野八代編『自由への問い7　家族：新しい「親密圏」を求めて』岩波書店。

ギデンズ・アンソニー（松尾精文・松川昭子訳）（1995）『親密性の変容：近代社会におけるセクシャリティ、愛情、エロティシズム』而立書房。

四宮和夫（1987）『民法総則第4版』弘文堂。

商事法務編（2022）『家族法制の見直しに関する中間試案』別冊NBL一八二号。

筒井淳也（2008）『親密性の社会学　縮小する家族のゆくえ』世界思想社。

綱森史泰（2024）「『婚姻の自由をすべての人に』（同性婚）訴訟の現状と憲法上の論点」判例時報二五七九号五―一〇頁。

那須耕介（2014）「サヴァイヴィング・ファミリィズ（シンポジウム親密圏と家族）」法律時報八六巻三号七六―八〇頁。

『日本近代立法資料叢書5　法典調査会　民法議事速記録五』（1984）商事法務研究会。

二宮周平（2002）「家族の個人主義化と法理論 ―― 家族法理論の再検討（特集　ジェンダーと家族 ―― 法制度の現状と問題点）」、法律時報七四巻九号二六―三二頁。

二宮周平（2010）「新しい家族が求める「自由」――家族法の視点から」岡野八代編『自由への問い7　家族：新しい「親密圏」を求めて』岩波書店。

二宮周平（2017）『新注釈民法（17）親族（1）』有斐閣。

橋本祐子（2004）「リバタリアニズムと同性婚に向けての試論」仲正昌樹編『叢書アレテイア3　法の他者』御茶の水書房。

春山習（2023）「同性婚訴訟の分析――札幌、大阪、東京地裁判決を素材に」亜細亜法学五八巻一号一八二―一三二頁。

ファインマン・マーサ・A（上野千鶴子監訳）（2003）『家族、積みすぎた方舟――ポスト平等主義のフェミニズム法理論』学陽書房。Fineman, Martha Albertson（1995）*The Neutered Mother, The Sexual Family and Other Twentieth Century Tragedies*, Routledge.

堀江有里（2015）「〈反婚〉試論　家族規範解体をめぐる覚書」（特集LGBT）、現代思想四三巻一六号一九二―二〇〇頁。

松田和樹（2018）「同性婚か？あるいは婚姻制度廃止か？：正義と承認をめぐるアポリア」国家学会雑誌一三一巻五・六号三六九―四三二頁。

松田和樹（2022）「婚姻とそうでないものとの境（特集「婚姻の自由」の現代的諸相）」法律時報九四巻六号五七―六二頁。

松田和樹（2024）「婚姻の契約アプローチの展開と課題 ── クレア・チェンバーズの『婚姻なき国家』の再考から」野崎綾子『新版　正義・家族・法の構造変換：リベラル・フェミニズムの再定位』勁草書房（旧版2003）。

水野紀子（2022）「婚姻と民法 ── カップルの選択という構成（特集『婚姻の自由』の現代的諸相）」、法律時報九四巻六号二六―三一頁。

森村進（2020）「10　親族法の私法化のために」『法哲学はこんなに面白い』信山社。

山下純司（2023）「婚姻外の男女関係『パートナーシップ関係』の解消と不法行為責任」判例百選Ⅲ第三版五六―五七頁。

山田八千子（2005）「2　家族」森村進編『リバタリニアズム読本』勁草書房。

山田八千子（2008）『自由の契約法理論』弘文堂。

若尾祐司（1996）『近代ドイツの結婚と家族』名古屋大学出版会。

〔山田　八千子〕

4 ロールズにおける家族法と契約法

若松良樹

Ⅰ はじめに

■完全には理論化されていない合意

現在では、同性婚に賛成する人たちが増え、異性婚を前提とした一夫一婦制の桎梏は打ち破られつつある。このように同性婚に関しては、社会的合意が成立しつつあり、これはこれで歓迎すべき動向であろう。にもかかわらず、ここでの社会的合意は、キャス・サンスティーンが「完全には理論化されていない合意[1]」と呼ぶものの一例であることに留意すべきである。すなわち、合意はなされているものの、その根拠は人によって異なっている可能性がある。ある人たちは当事者間に同意があるのであれば、他者が同性婚に口出しすべきではないと考えているかもしれない。これに対して、別の人たちは、同性婚であっても、異性婚の場合と同様に、相互の愛情、親密性、などといった価値が実現されているから、結婚としての地位を承認されるべきだと主張するかもしれない。

根拠はなんであれ、多くの人が同性婚を認めているのだからよいではないかと言われるかもしれない。しかし、同性婚に対する社会的合意は、一時的に現れる均衡点のようなもので、別の婚姻形態にまで容易に拡張できるものではない。たとえば、複婚について考えてみよう。一夫一婦制にせよ同性婚にせよ、一対一の婚姻関係を前提としている点では共通している。このような婚姻を「単婚（monogamy）」と呼ぶことにしたい。一夫一婦制の桎梏を打ち破るのであれば、単婚制の桎梏も打ち破り、一対多、あるいは多対多の婚姻、すなわち「複婚（polygamy）」も認めるべきではないだろうか。[2]

複婚は「遠心分離機」のように作用する。同性婚に関してであれば、かろうじて成立するかもしれない社会的合意が、複婚に問題が変わった時点で消え去り、さまざまな立場の間での激しい論争を引き起こすのである。

■複婚をめぐる論争

複婚制のような風変わりな婚姻形態に対しては、多くの人が反感をもつだろう。この人たちに言わせるならば、結婚や家族は、社会の基礎的な単位であり、複婚制などを認めれば、社会の秩序が崩壊しかねない。そこで、国家は許されざる婚姻形態に対して、一定の規制を加えるべきである、と。

同様の主張は、男女三人による同棲生活のための費用分担合意を善良な風俗に反し無効であると判示した東京高裁判決に見出すことができる[3]。この判決で、東京高裁は「婚姻や内縁といった男女間の共同生活は、本来、相互の愛情と信頼に基づき、相手の人格を尊重することにより形成されるべきものであり、（中略）このような相互の愛情と信頼及び人格の尊重は、その本質からして、複数の異性との間に同時に成立しうることはありえないものである」と断じている。

このように結婚や家族はつねに道徳主義的な干渉にさらされてきたが、特定の結婚観の押しつけを望ましくないと考える人も少なくないだろう。この人たちは、結婚や家族は基本的には当事者の合意の問題であり、契約自由の原則からして、どのような形であれ、当事者の合意が存在し、当事者が満足しているのであれば、他人が口出しすべきではないと主張するかもしれない。この路線を徹底するならば、法は結婚から撤退し、契約法によって結婚をめぐる問題を規制すべきである、ということになるだろう[4]。

〔若松　良樹〕

■宙ぶらりん

ここで問われているのは、結婚に関して、法は家族法を用いて規律を行うべきか、それとも当事者の合意を重視して、契約法の規律に委ねるべきかという問題である。つねに特定の道徳観の押しつけという危険にさらされてきた家族法の領域を、契約法の規律に委ねることにより、脱道徳化したいという動機は十分に理解できるものであり、そのように考えることができれば、ずいぶんとすっきりするだろうと私も思う。しかし、家族には、契約法の前提としている「対等な個人の自由な同意」というモデルとかけ離れている部分があることも確かである。したがって、家族法の契約法化という流れに、完全に身を委ねることに対しては、若干の躊躇もおぼえる。他方において、私法の領域に政府が口出しすることに対しても危惧をもたざるを得ない。

要するに、私自身、家族法か契約法かという二者択一を迫られるのであれば、選択肢を前にして立ちすくんでしまう。このような宙ぶらりんの状態の時、どちらか一方の意見を切り捨て、スッキリしたくなるのが人間の常ではあるが、宙ぶらりんであることにもそれなりの理由があるのかもしれない。したがって、本章では、ジョン・ロールズの理論という磁場に置くことによって、この論争においてどちらにも加担できない宙ぶらりんの状況のもつ意義を探究したい。

■ロールズ

ここでロールズを持ち出すことに唐突の感をおぼえる人も少なくないだろう。というのも、ロールズに家族法と契約法の関係についての精緻な分析があるわけではないからである。むしろ、家族法や契約法は、ロールズの理論がそのあいまいさを批判をされている領域である。にもかかわらず、本章においてロールズを参照するのは、ロールズが家族法か契約法かという対立図式とは別の仕方で問題を捉えているように思われるからである。

二節においては、ロールズの家族法についての議論を、三節においては、契約法についての議論を、それぞれ簡単に紹介する。結論を先に述べるならば、どちらの議論も家族法や契約法に関心をもつ人たちを満足させるものではないが、それは、ロールズが家族法や契約法ではなく、別の仕方で問題を解決しようとしているからである。このことを四節において示し、日本の論争に対するロールズの理論の含意を簡単に五節で示す。

Ⅱ　ロールズと家族法

1　家族は基本構造か

■一夫一婦制、同性婚、そして複婚

家族法に関するロールズの主張は、常に2つの相反する力によって引き裂かれている。一つの力は、フェミニズムから生ずるものであり、ロールズの理論は、家族内の不正義の問題を真剣に取り扱っていないと批判する。[5] もう一つの力は、共同体主義が発するものであり、ロールズの理論は、家族内部の問題にまで正義原理を適用しようとしている点で、やりすぎであり、家族の自律性を尊重するべきだと不満を述べる。この2つの力の間の微妙なバランスの上に、ロールズの基本構造論が存在する。

ロールズは正義の二原理があらゆる対象に直接に適用されるとは述べていない。彼が正義原理の適用対象と考えているのは、社会の「基本構造（the basic structure）」である。した

がって、その後、家族が基本構造の一部であるか否かという点をめぐって議論が行われることになる。

ロールズは、基本構造の明確な境界線を引くことに対して慎重であるものの[6]、フェミニズムからの批判を意識してか、「家族は基本構造の一部[7]」であると明示する点では一貫している。しかし、ロールズの家族に関する議論は、一夫一婦制、同性婚などといった婚姻の形態にかかわる問題に終止しており、家族内の諸問題（育児や家事の分担など）にはほとんど言及していない。

まずは、基本構造に位置づけられる家族の形態について確認しておこう。この点についてのロールズの見解には、変遷が見られる。『正義論』の初版において、ロールズは社会の基本構造の一部として正義原理が直接に適用されるのは、「単婚の家庭（monogamous family）[8]」であるとしており、家庭の形に限定を加えている。ここで言う単婚の家族が異性間の婚姻に限定する趣旨であるのか、同性婚を許容するものであるのかに関しては、不明確である。他方、複婚に関しては、単婚が社会の基本構造の一部として承認されているのに対して、複婚は言及されていないところからすると、排除されていると理解できるのかもしれない[9]。

その後、ロールズは、同性婚を排除しているのではないかとの批判に答えて、『公正とし

ての正義　再説』において、基本構造に関する記述を変更している。そこでは、ロールズは、「再生産活動は社会的に必要な労働である」[10]という前提のもと、家族がこうした任務を実効的に果たし、また他の政治的諸価値と齟齬をきたすものでない限りは、「正義の政治的構想によっては、（一夫一婦制、異性愛その他の）いかなる特定の家族形態も求められていない」[11]ということを強調している。

「一夫一婦制、異性愛、その他の（monogamous, heterosexual, or otherwise）」という表現における「その他」の中に、同性婚が含まれていることは、ロールズが先の引用文に付した注[12]において、ゲイやレズビアンの権利に言及していることからすると明らかである。それでは、複婚は認められるのだろうか。ここでもロールズは複婚を意識しているようには思われないが、ロールズはここで家族の機能（再生産活動）に注目しており、機能を果たし、他の政治的価値と齟齬をきたさないのであれば、どのような形態の家族でもかまわないと明言していることからすると、複婚もこれらの条件を満たす限り、許容されると解釈するのが素直だろう。

2　家族と正義原理

■ローカルな正義

ロールズの理論において家族が基本構造に位置づけられていることは明確であるが、家族と正義原理との関係は、共同体主義による批判を意識した結果、あいまい、あるいは混乱したものになっている。ロールズは「正義原理はこの基本構造を規制するのであり、社会内の諸々の制度や結社に直接適用されたり、それらの内部を規制したりはしない[13]」と述べている。家族が基本構造の一部であるとされていることから、家族には正義原理が直接適用されることが予想されるが、ロールズは基本構造の一部ではないものの代表例として、大学や教会とともに家族をあげているのである。ここで、家族を社会の基本構造の一部としてあげていたこととの整合性が問題となる。この問題については後ほど四節において立ち返ることとして、ロールズによる説明の紹介を続けよう。

ロールズは大学など、基本構造の内部の諸々の結社や制度によって直接遵守されるべき正義原理を「ローカルな正義原理[14]」と呼んでいる。かといって、ローカルな正義原理が社会の基本構造に適用される正義原理とまったく無関係というわけではないし、どんな行為や制度であれ、ローカルな正義原理に従っているかぎり、正義にかなっていると主張しているわけでもない。ロールズによると、「基本構造のための原理は、ローカルな正義の適切な原理を拘束（あるいは制約）するが、唯一そうでなければならないと決めるものではない[15]」、というのである。

ロールズはこの点を、教会の運営に即して説明する。正義の二原理は、教会の運営が民主的であることを求めない。「司教や枢機卿が民主的に選挙で選ばれる必要はないし、教会の職位に付随する利益が格差原理を充たす必要もない[16]」。これらの事柄は、任意的なのである。他方、「教会は異端者を破門にすることができるが、火あぶりの刑に処することはできない[17]」とされる。ロールズによると、正義原理は、良心の自由を保障することを命じる。したがって、「教会の構成員はいつでも自由に自分の信仰を離れることができる[18]」から、教会は火あぶりの刑のような「実効性のある不寛容を実践することはできない[19]」、というのである。

■不明確な家族の位置

確かに、この主張は、共同体主義者とリバタリアンを満足させる可能性はある。というのも、教会や家族の私的自治に対する配慮がある程度なされているからである。他方、家族内の不正義を是正する必要性を主張するフェミニストを失望させるものであろう。「家族内の問題であっても、火あぶりにしてはいけません」というだけでは、家族内での不正義を是正するにはとうてい十分とは言えないからである。

実際には、ロールズは「もし、いわゆる私的領域というものが、正義を免れていると主張される空間のことであるならば、そのようなものは存在しない[20]」として、家族内での取り決めにすべてを委ねるのではなく、正義原理による規律を一定程度、求めているように思われる。それどころか、「両親は（女性も男性と同等に）平等な市民であり、（中略）子供の出産・養育・教育の負担が女性により重くかかり、そのために女性の機会の公正な平等が損なわれないように、家族法において（また疑いもなく他の分野でも）特別な規定が必要である[21]」、として、より踏み込んだ仕方で家族法の必要性を主張している。

したがって、ロールズ自身は、家族に関わる問題について、契約法による規律を超え、家族法による規律の必要性を強調しているようにも見える。しかし、具体的に、家族に対して、正義原理がどのような仕方で適用されるのか、どのような家族法のルールが求められるのか、という点についてのロールズの説明は、かなり漠然としている、と言わざるを得ない。

Ⅲ　ロールズと契約法

1　契約法は基本構造の一部か

■「広い見解」

ロールズの理論において、家族法は基本構造に位置づけられることは明確であるものの、正義原理が家族に対して何を求めているのかが不明確であったのに対して、そもそも基本構造の一部であるか、疑義が生じているのが契約法である。

ロールズはもともと、基本構造に関しては、ケビン・コルダナとデイヴィッド・タバクニックが「広い見解」と呼ぶものをとっていたように思われる。すなわち、「人の生涯の見込みに対して影響を与えるあらゆる社会制度は基本構造の構成要素である[22]」という見解であり、これは『正義論』に見出すことができる[23]。広い見解に立つならば、契約法は当然社会の基本構造の一部であり、正義原理によって直接に規制されることになるだろう。

■ノージックによる批判

広い見解に対して深刻な打撃を与えたのが、ロバート・ノージックによるパターン付き原理に対する批判であろう[24]。パターン付き原理とは、社会の状態を一定のパターンに押し込もうとする立場であり、平等主義がその典型例である。パターン付き原理に対して、ノージックは、各人に平等に資源が分配されるパターンを実現できたとしても、各人が自由に取引を行う結果、望ましいとされるパターンから逸脱してしまう、と指摘する。

このことを、ノージックはＮＢＡの大スターであったウィルト・チェンバレンのプレー見たさにチケットを購入するファンの例に即して説明する。このチケット購入はファンからチェンバレンへの富の移転であり、平等のような望ましいパターンを崩してしまう。もしこのパターンの崩壊を望ましくないものと考え、是正しようとするならば、政府は常に個人の活動に干渉しなくてはならなくなる。したがって、格差原理を含めた分配的正義の原理は、パターン付きであるがゆえに、それを維持し続けることは不可能であるか、実現可能であったとしても、人々の行動に常に介入しなくてはならず、自由の甚大な侵害を伴うがゆえに望ましくない、というのがノージックによる批判の骨子である。ノージック的な発想は、契約の自由を強調するリバタリアニズムの基本的な主張であり、ロールズの理論において契約法がうまく位置づけられないという批判の一つの根拠ともなっている。

■「狭い見解」

その後、ロールズは、ノージックによる批判を意識してか、「主題としての基本構造[25]」や『政治的リベラリズム[26]』において、基本構造の範囲を狭めるかのような見解を示す。ロールズは基本構造の範囲を示すために、「制度の分業（an institutional division of labor）」という概念を導入する。制度の分業とは基本構造と「個人や結社に直接適用され、個別的な相互行為において個人が従うべきルール[27]」との間の分業である。そして、後者のルールの例として契約法があげられている[28]。基本構造の範囲が何であるかは、依然としてあいまいではあるが、基本構造から契約法が排除されていることは、少なくともこの一節からは明白である。

この点を重視して、ロールズは契約法を基本構造から除外していると理解するのが「（基本構造についての）狭い見解」である。この狭い見解によると、私法や教会などの私的秩序は基本構造から除外されることになる。狭い見解に依拠するならば、チェンバレンのプレー見たさにチケットを購入するファンの行為に対して、それが不平等を生み出すという理由だけで、政府はわざわざ介入する必要がないことになろう。

2　三つの回答

■その後の論争

契約法と基本構造との関係についてのロールズのあいまいさは、その後、激しい論争を引き起こすことになる[29]。第一の見解は、契約法、さらには私法全般が基本構造の埒外であり、正義原理は契約法には適用されないというものである[30]。この見解は、ノージックによるウィルト・チェンバレンの例を回避できるだけでなく、先に示したように、テキスト上の根拠もそれなりに存在するため、ブランクファイン＝タバクニックとコルダナは「通説的、それどころか、ほとんど異論のない見解」とみなしている[31]。しかし、ロールズが第一原理、すなわち、基本的諸自由の原理において、最優先で保障すべき基本的諸自由のリストの中に、契約の自由を入れていないということに留意する必要がある[32]。したがって、ロールズの理論においては、契約法が正義原理の制約をまったく受けないということはありえないだろう。

契約法と基本構造との関係に関する第二の見解は、契約法を基本構造の一部として認めながらも、何とかして、契約法を正義の二原理、とりわけ格差原理のような分配的原理の規制から自由な場所に位置づけようとする。そのような試みとしてはさまざまなものがあるが、それらを検討したブランクファイン＝タバクニックとコルダナが結論づけているように、「私法を基本構造の内部に存在する理解しながら、正義の二原理の制約に従わないと考えることは逆説的に思われる」[33]。実際、第二の見解の可能性を探究する者たちは、この逆説を解くために、ロールズの理論に外在的な要素を接ぎ木するなど、相当な無理を重ねている。

第三の見解は、私法が社会の基本構造の構成要素であること、それ故に、私法は正義原理による規制を受ける、と主張する立場である[34]。第三の見解は、ロールズの解釈としては無理がないようにも見えるが、私法が正義原理による規制をどのような仕方で受けるのかについて、あいまいな部分が少なくなく、解明されるべき点が残されているように思われる。そこで、次節では、正義原理による規制のあり方に焦点を合わせて、ロールズにおける家族法と契約法の位置を測定することにしよう。

Ⅳ　背景的正義

1　議論の転換

■基本構造をめぐる攻防戦

前節においては、基本構造についての狭い見解と広い見解との間の論争を瞥見してきた。このような論争が引き起こされた理由の一端は、アイリス・マリオン・ヤングが指摘するように、ロールズ自身が基本構造を間違った仕方で理解していたことにあるのかもしれない。ヤングによれば、ロールズは、そして彼の理論の継承者の多くは、基本構造を「社会制度全体のなかの小さな部分集合[35]」として理解している。まさに、それ故に、私法がロールズの理論において、基本構造の一部に包含されるのかをめぐって、議論されることになったとも言えよう。

しかも、この基本構造の領土をめぐる攻防戦においては、暗黙のうちに、基本構造の一部となれば、正義原理の制約を完全に受け、埒外であれば、制約を完全に逃れることができるといった誤った二分法が前提とされているように思われる。しかし、実際には、基本構造であろうがなかろうが、正義原理は何らかの仕方で制約を与える。だれも火あぶりにしてはならないのである。しかも、その制約は多様な形態をとりうるのであり、重要なのは、制約があるかないかではなく、どのような制約なのか、という点にあろう。

〔若松　良樹〕

■虚しい勝利

正義原理による制約が多様であるとするならば、基本構造の内か外かをめぐる攻防戦は、どちらが勝利したとしても、それほど実り豊かなものであるようには思えない。というのも、正義原理を家族法や契約法に適用させたいと願う人たちにとっては、家族法や契約法は基本構造の一部であるという承認を獲得できたとしても、結果として、「火あぶりにしてはいけません」という程度の適用しか得られないのであれば、それは虚しい勝利にすぎないだろう。他方、家族法や契約法の独立を目指す立場の人たちにとっても、基本構造からの独立をなしとげたとしても、正義原理の影響が強く残るようであれば、形だけの独立ということになりかねない。したがって、本丸は正義原理の適用のされ方なのである。

以下では、正義原理の多様な適用のされ方をデッサンするための基点として、背景的正義という観念から議論を始めることにしよう。

2　原理の分業

■理想的歴史プロセス説

ロールズが『公正としての正義　再説』一五節「主題としての基本構造－第一種類の理由」において、背景的正義について議論していることから理解できるように、背景的正義の観念は、基本構造を理解する上で鍵となるものである。この節において、ロールズは社会におけるさまざまな合意が公正であるための条件を考察している。

まずは、ある状態が正義に適っているとしよう。この理想的な初期状態から、だれの権利も侵害することなく生ずる状態は、何であれ、正義に適っているとノージックは権原理論において主張したが、このような理論をロールズは「理想的歴史プロセス説（an ideal historical process view）」と呼んでいる[36]。

理想的歴史プロセス説は、「個人や結社による取引に焦点をあわせ、それらの取引が個々の取引当事者に直接適用される原理や但書によって制約されるとする[37]」立場である。理想的歴史プロセス説に従うならば、私人間の取引は、契約法によって規制されるのであって、正義の二原理による直接的な規制からは免れている、ということになる。これは、私法を正義の二原理から独立した仕方で理解しようとする人たちが想定している立場でもあろう。

■二種類の原理の間の分業

ロールズは、以上のような理想的歴史プロセス説を批判する。というのも、「初期状態が正義に適ったものであり、かつまた、その後の社会的諸条件もしばらくの間は正義に適ったものであったとしても、個人や結社によって結ばれた、一つ一つをとってみれば一見公正な合意が数多く積み重なると、その累積的効果が自由で公正な合意に必要な背景的諸条件を長期的には掘り崩してしまうということも十分にありうる[38]」からである。このようなことが起こるのは、「基本構造の内部で個人または結社によって結ばれた合意」に「直接適用される原理（例えば契約法の諸原理）は、それだけでは、背景的正義を確保するのに十分ではないからである[39]」。

これに対しては、理想的な私法のルールを作ればよいではないかとの批判もあるかもしれない。しかしながら、ロールズは、個人の取引に適用されるルールは「複雑すぎてはいけないし、正確に適用するためにはあまりに多くの情報を必要とするようではいけない[40]」として、理想的なルールの限界を強調する。要するに、個人の取引に直接適用されるルールは、

「無理なく理解し遵守するという個人の能力[41]」を超えてはならない、というのである。したがって、それを遵守さえすれば、背景的正義を保持できるような契約法などのルールを作り上げることはできないのである。

契約法など個人の相互行為に適用されるルールが「単純性と実用性[42]」をもっていなければならないとするならば、これらのルールだけでは、背景的正義の基底を掘り崩してしまう可能性がある。このような事態を回避するために、ロールズは「二種類の原理の間の分業[43]」が必要であると主張する。「第一の種類の原理は、長期にわたって基本構造を規制し、ある世代から次の世代へと背景的正義を保持するためのものである。第二の種類の原理は、個人または結社の間で行われる自由な個別的取引に直接適用される[44]」ものである。

■理想的社会プロセス説

ロールズは、以上の二種類の原理のうち、第二の種類の原理、すなわち、個人または結社の間で行われる取引に関わる原理にのみ焦点をあわせる理想的歴史プロセス説を批判し、第一の種類の原理、すなわち、「すべての人に平等に長期にわたって背景的正義を維持するのに必要な諸規則にまず焦点をあわせる[45]」立場を「理想的社会プロセス説（an ideal social

process view)」と呼び、自らの立場もその一例である、と述べている。
理想的社会プロセス説によれば、個人や結社の間の取引が正義に適ったものとなるためには、背景的正義が維持されていることが必要である。そして、背景的正義が確保されているかぎり、「われわれは日々無数の取引がもつ莫大な複雑性を無視することができ[46]」るようになる、というのである。

3　構造的不正義をめぐって

■家族法と契約法

以上の二種類の原理のうち、家族法や契約法のほとんどの規定は第二の種類の原理に属する、と理解することができるだろう。二種類の原理の存在は、家族法や契約法の規定に従うことから不正義が生じうる二つの事例を示唆している。第一のケースは、家族法や契約法の規定そのものに不公平な部分が存在する場合である。この場合の解決策は、家族法や契約法の規定の改正ということになろう。

しかしながら、家族法や契約法の規定に従うことから不正義が生ずるのは、第一のケースに限定されるわけではない。第二のケースは、第一の種類の原理、すなわち、長期にわたって基本構造を規制する原理が充足されていないため背景的正義が確保されておらず、家族法や契約法の規定に従うことが背景的正義の毀損を拡大、あるいは深化させることにつながる場合である。

■構造的不正義

このような状況を主題としているのが、ヤングである。彼女は、サンディという架空ではあるが典型的な女性を例に、「構造的不正義（structural injustice）」という概念を説明している。サンディは非正規雇用のシングルマザーであり、ホームレスとなる危機に瀕している。サンディがこのような苦境に陥ったのは、誰かが不正を働いたからというわけではない。むしろ、契約など、それ自体は不正とは言えないような相互行為が集積する結果、サンディのような人たちが、基礎的なニーズさえも満たすことができないような状況に追い込まれやすくなるとヤングは指摘する。(47) サンディは、家族法や契約法の通常の作動の結果、生み出される不正義の犠牲者であると言えるかもしれない。

無論、ロールズも構造的不正義のような問題が生じうることは認識している。先に引用したように、彼も「個人や結社によって結ばれた、一つ一つをとってみれば一見公正な合意が数多く積み重なると、その累積的効果が自由で公正な合意に必要な背景的諸条件を長期的には掘り崩してしまう[48]」という認識を共有している。

■ロールズの戦略

それでは、構造的不正義のような問題を解消するためには、どうしたらよいのか。前述したように、ロールズは、家族法や契約法に対して、正義原理を直接適用することによって問題を解決できるとは信じていないかもしれない。というのも、個人や結社の間で行われる取引に直接適用されるルールは、「単純性と実用性[49]」を備えていなければならないからである。

家族法や契約法に正義原理を直接適用することに慎重ではあるものの、ロールズは、構造的不正義の問題を看過しているわけではない。それでは、ロールズの戦略とはどのようなものだろうか。契約法や家族法に直接手を着けなくても、構造的不正義の問題にアプローチできるとロールズは考えているように思われる。彼は、構造的不正義の克服、あるいはロールズの言葉では背景的正義の確保のための方策の例として、「私的権力の過度の集中を防止するために財産の遺贈・相続を規制する法律や、同じ目的のための課税といったその他の手立てがある[50]」と述べている。

こういった手法は、私人間の取引に直接関わるようなものではないし、家族法や契約法の規定に書き込まれるものでもないだろう。にもかかわらず、税法や相続法を通じて背景的正義を維持することによって、私人間の取引は正義に適ったものになる、というのである。ここでは、第一の種類の原理、すなわち、「すべての人に平等に長期にわたって背景的正義を維持するのに必要な諸規則[51]」が重要な役割を果たすのである。

第一の種類の原理は、ノージックが懸念するような自由に対する深刻な侵害を伴うものではない、とロールズは付言する。「格差原理は、公知のルール・システムとしての諸制度に適用されるから、それがそれらのルールを通じて何を要求するかは予見可能である。そうした諸要求に、個人の計画及び行動に対する継続的もしくは定常的介入が含まれないのは、例えば普通の課税がそのようなものを伴わないのと同様である[52]」。

V　おわりに

■見えざる足を超えて

日本の文脈に戻ることにしよう。日本においても、構造的不正義の犠牲者であるサンディのような存在は少なくないものと思われる。それどころか、世界経済フォーラムが二〇二三年に発表した報告書によれば、日本のジェンダーギャップ指数（完全平等だと一、完全不平等だと〇）は〇・六四七で一四六カ国中一二五位という位置付けであり、かなり多くのサンディが存在する国だと言ってよいだろう[53]。

このような状況は自然には生じない。むしろ、さまざまな「努力」の末に、達成されている状態であると理解すべきだろう。それでは、だれが努力しているのか。すぐに思い浮かぶ主犯は、特定の家族観を押し付けるために、家族法に手を突っ込もうとしている人たちだろう。しかし、それほど多くはない主犯だけで、これだけの状態を実現できるとも考えにくい。おそらく、正犯を幇助している数多くの従犯が存在しているものと思われる。

意外なことに、従犯の一部は、特定の道徳観を押しつけようとする人たちを批判し、結婚の契約法化を唱える人たちなのかもしれない。当事者間の合意は、摩擦のない状態で行われているわけではない。ジェンダーギャップ指数で一二五位という状況は、「自由で公正な合意に必要な背景的条件[54]」が掘り崩されている状態であることは明白である。このような状況の中で当事者間の合意の存在を強調するだけでは、「見えざる手」に導かれてよい結果をもたらすというよりも、「見えざる足」に蹴飛ばされて、格差の拡大に寄与してしまうのではなかろうか。このような状況を克服するためには、家族法か契約法かという議論だけでなく、税法や相続法にも注目するロールズ的な立場も、十分に検討に値するだろう。

（1）Cass R. Sunstein, *Incompletely Theorized Agreements*, 108 Harv. L. Rev. 1733（1995）.
（2）ただし、単婚にせよ複婚にせよ、異性愛を前提とした狭い意味で用いられることも多い。その場合には、一夫一婦制、一夫多妻制などと表記することにする。
（3）東京高裁平成一二年一一月三〇日判決。
（4）森村進『法哲学はこんなに面白い』（二〇二〇年）。
（5）Susan Moller Okin, Justice, Gender, and the Family（1989）.
（6）John Rawls, Erin Kelly ed., Justice as Fairness:A Restatement, 12（2001）, 邦訳22、田中成明・亀本洋・平井亮輔訳『公正としての正義再説』（二〇二〇年）〔以下、JF〕。
（7）JF, *supra* note 6, at 162, 邦訳320-321。
（8）John Rawls, A Theory of Justice, 7（1971）. ただし、ロールズはこの時期には同性婚の問題も意識していなかったように思われるので、一夫一婦制を念頭に置いていると推察される。
（9）ただし、複婚の排除の理由が明確に語られているわけではなく、この段階において、ロールズは、同性婚だけでなく複婚も意識していなかったと理解するほうがよいように思われる。

(10) JF, *supra* note 6, at 162, 邦訳 321。
(11) JF, *supra* note 6, at 163, 邦訳 321。
(12) JF, *supra* note 6, at note 42, 邦訳 440。
(13) JF, *supra* note 6, at 10, 邦訳 19。
(14) JF, *supra* note 6, at 11, 邦訳 21。
(15) JF, *supra* note 6, at 11, 邦訳 21。
(16) JF, *supra* note 6, at 163, 邦訳 323。
(17) JF, *supra* note 6, at 10, 邦訳 20。
(18) JF, *supra* note 6, at 164, 邦訳 323。
(19) JF, *supra* note 6, at 164, 邦訳 323。
(20) JF, *supra* note 6, at 166, 邦訳 327。
(21) JF, *supra* note 6, at 10–11, 邦訳 20。
(22) Kevin A. Kordana & David H. Tabachnick, *Rawls and Contract Law*, 73 Geo. Wash. L. Rev 598, 606 (2005).
(23) Rawls, *supra* note 8, at 7.
(24) Robert Nozick, Anarchy, State and Utopia (1974).

(25) John Rawls, *The Basic Structure as Subject*, in VALEUS AND MORALS, 47-71 (A. I. Goldman & Jaegwon Kim eds., 1978).

(26) JOHN RAWLS, POLITICAL LIBERALISM (expanded edition, 2005)、神島優子、福間聡訳『政治的リベラリズム』(二〇二二年)〔以下、PL〕。翻訳に関しては、参考にさせていただいたが、本章内での訳語の統一という観点から、厳密には従っていないことを予めお断りする。

(27) PL, *supra* note 26, at 268-69, 邦訳323。

(28) PL, *supra* note 26, at 268, 邦訳323。

(29) この論争のサーヴェイとしては、David Blankfein-Tabachnick & Kevin A. Kordana, *On Rawlsian Contracturalism and the Private Law*, 108 VA. L. REV. 1657 (2022).

(30) Arthur Ripstein, *The Division of Responsibility and the Law of Tort*, 72 FORDAM L. REV. 1811 (2004).

(31) Blankfein-Tabachnick & Kordana, supra note 29, at 1657.

(32) John Rawls, *Reply to Alexander and Musgrave*, 88 Q. J. ECON. 633, 640 (1974).

(33) Blankfein-Tabachnick & Kordana, *supra* note 29, at 1662.

(34) Kordana & Tabachnick, *supra* note 22.

(35) IRIS MARION YOUNG, RESPONSIBILITY FOR JUSTICE 70 (2011), 邦訳119、岡野八代・池田直子訳

『正義への責任』（二〇一二年）。

(36) JF, *supra* note 6, at 53, 邦訳 102。
(37) JF, *supra* note 6, at 54, 邦訳 104。
(38) JF, *supra* note 6, at 53, 邦訳 102。
(39) JF, *supra* note 6, at 53, 邦訳 103。
(40) PL, *supra* note 26, at 267, 邦訳 322。
(41) PL, *supra* note 26, at 268, 邦訳 323。
(42) PL, *supra* note 26, at 268, 邦訳 323。
(43) JF, *supra* note 6, at 53-54, 邦訳 103。
(44) JF, *supra* note 6, at 54, 邦訳 104。
(45) JF, *supra* note 6, at 54, 邦訳 104。
(46) JF, *supra* note 6, at 54, 邦訳 105。
(47) YOUNG, *supra* note 35, at ch.2, 邦訳第2章。
(48) JF, *supra* note 6, at 53, 邦訳 102。
(49) PL, *supra* note 26, at 268, 邦訳 323。
(50) JF, *supra* note 6, at 51, 邦訳 99。

(51) JF, *supra* 6, note at 54, 邦訳 104。
(52) JF, *supra* note 6, at 51, 邦訳 99-100。
(53) https://www3.weforum.org/docs/WEF_GGGR_2023.pdf
(54) JF, *supra* note 6, at 53, 邦訳 102。

■第二部　多様な結婚を「哲学」する

5　熟議的な結婚

田村　哲樹

はじめに

■結婚をめぐる状況と本章の目的

結婚は、今日では語ることが難しい事柄の一つになっている。結婚が当たり前という時代は、既に過去のものになった。結婚は誰もがするもの／するべきものではなく、結婚したい人がするもの／すればよいものになった。仮に「したい」人が結婚したとしても、実際の結婚には多くの問題が存在している。（日本では）夫婦同姓が定められており、結果的に選ばれる姓の多くは男性のものである（なお、別姓等が認められている欧米でも、女性が男性側の姓に変えているケースは多いようである）。「幸福な結婚生活」は多くの人が期待することかもしれないが、様々な研究やルポルタージュ、あるいはテレビドラマや映画を通じて夫婦・家族関係の困難さが伝えられるようになって久しい。「ドメスティック・バイオレンス」の用語も、今では周知のものになっている。

他方で、「結婚」という言葉と現実がなくなっているわけではない。「婚活」に取り組む人々は一定数存在する。「事実婚」「別居婚」「同性婚」などは、「標準的」なものとは異なるとはいえ、なおも「結婚」であることを（たとえ暫定的であっても）示す言葉として用いられている。時代と形は変わっても、なおも「結婚」として人々の間でイメージされる何かは存続しているように思われる。

「結婚」をめぐるこのような状況の中で、本章が目指すのは、相対的に望ましいと思われる結婚の構想を提起することである。本章は、「結婚」のあり方は必ずしも一義的に決まるわけではない、という立場を取る。それはつまり、相対的に「よい」結婚もあれば相対的に「悪い」結婚もあると考える、ということである。その相対的に「よい」結婚の一つの構想として、本章は、熟議民主主義論の立場に基づく「結婚」、すなわち「熟議的な結婚

（deliberative marriage）」の構想を提示する。

〔田村　哲樹〕

■これまでの研究との関係――①結婚についての研究

「熟議的な結婚」の構想の意義を、結婚についての研究および熟議民主主義研究の動向に照らして述べるならば、以下のようになる。

まず、結婚[1]について最も批判的な見解は、フェミニズムによって提起されてきた。近代の政治思想において、結婚とは、自由で平等な男性間の「社会契約」を支える「女性に対する男性の支配」、つまり「男性が女性の性的利用を平等に享受する権利」を保障する「性契約」であった（Pateman 1988: 2=2017: 3）。結婚はまた、妻・女性を夫・男性以外の人間関係から切り離し「孤立を余儀なく」させるものである（牟田 2010: 205）。このように（批判的に）論じられる際の結婚とは、異性愛の男女による、しばしば性愛による結びつきを指す。これに対して、「結婚」をより多様性を包含したものとして捉え直す試みも存在する。[2] 異性愛に限られない結婚の擁護や（牟田・岡野・丸山 2021: 第4章）、（それをも含む）「結婚」を性愛関係および大人と子どものケア関係から切り離そうとする「最小結婚」の提案（Brake 2012=2019）などである。結婚に対する評価の違いはあっても、これらの研究は、「結婚とは何か？」という問題に答えを出そうとしている点で共通している。

本章は、こうした問題設定とは異なる視点を打ち出す。本章の提案する「熟議的な結婚」は、次のような考え方に基づく。この構想では、「結婚」が何であるかは、アプリオリないし「構造的に」決まっているわけではない。また、初発の「（性）契約」によってその内実が確定するわけでもない。そうではなく、結婚は、その当事者たちを中心とした熟議のプロセスによって変化しつつ、その都度構成されていくものとして捉えられる。[3]

■これまでの研究との関係 ―― ②熟議民主主義研究

次に、熟議民主主義研究についてである。そもそも、熟議民主主義研究において、結婚などの「私的領域」への関心は極めて少ない。近年の熟議民主主義研究の動向には、大まかに言って次の二つのものがある。一つは、ミニ・パブリックスあるいは近年では「市民議会（citizens' assembly）」とも呼ばれるような、抽選を基礎とする制度化された熟議のフォーラムについての研究である（Curato *et al.* 2021; Grönlund *et al.* 2014）。もう一つは、より「大きな規模」で熟議を捉えようとする研究であり[4]、その典型は熟議システム論である（Dryzek 2010; Elstub *et al.* 2018; Parkinson and Mansbridge 2012; 田村 2017）。

この二つの研究動向に対して、本章は、非制度的かつ「小さな規模」での熟議民主主義研究の意義を主張する。一方の、もっぱらミニ・パブリックスに焦点を当てる研究は、熟議民主主義を限定的に捉えてしまう。他方の、大きな規模で熟議民主主義を考えようとする研究は、熟議民主主義の可能性を拡げるという意義を有するが、結果的に、国家ないし「国家のようなもの」を基礎とした政治秩序像に回帰してしまう傾向がある。つまりそれは、政治を国家（のようなもの）に引き付けて理解する思考様式、すなわち「方法論的国家主義」（田村 2019）に囚われている。

もっとも、熟議システム論的な研究の中には、地域コミュニティなどの「小さな規模」での熟議の実践に注目する研究も存在する（Hendriks *et al.* 2020）。そもそも、熟議システム概念の発端となったジェーン・マンスブリッジの論文が、親族の集まる食事会という「小さな規模」における「日常的な話し合い」と「日常的なアクティヴィズム」の意義に光を当てるものであった（Mansbridge 1999）。しかし、これらの研究も、その関心は、そこで注目される「小さな規模」での熟議等の実践がいかにしてより「大きな規模」での熟議や意思決定に接続しているか／され得るか、という点にある。この場合、研究者たちの最終的な関心は、やはり「大きな規模」での熟議や民主主義のあり方になってしまう。[5]

以上のような熟議民主主義研究の動向に対して、私自身は、私的領域における熟議民主主義について論じてきた。とりわけ、家族や友人関係がそれ自体として一つの熟議システムであり得るというのが、私の主張である（Tamura 2014; 2020; 田村 2019）。本章は、結婚という小さな規模かつ「私的」と見なされる出来事に注目することで、これまでの私の研究を継承する。「熟議的な結婚」は、一般的な意味では「小さな規模」である。しかし、大きな規模／小さな規模という一般的な区別は、それ自体、国家を基礎とした標準的な政治観を踏襲したものであり、そうした政治観自体が見直されるべきなのである。

■「熟議的な結婚」の構想

このような「熟議的な結婚」の構想は、結婚をめぐるより具体的な論点について、次のように答えることになる。「法律婚か？　事実婚か？」は、必ずしも決定的な問題ではない。重要なことは、その「結婚」が熟議に基づいていることである。「同性婚」などの多様な結婚形態についても、熟議的な結婚にとって重要なのは、その是非そのものではなく、同性間の関係が熟議のプロセスに基づく意思決定によって統治されているかどうかである。家事や育児の分担については、分担が量的な意味で公平かどうかではなく、人々の間でのそれらの分担が熟議を通じて調整され意思決定されているかどうかが重要である。「離婚」は、熟議に基づくべきもの、または、熟議を行うことができないという理由でなされるべきものということになる。

本章の構成は、以下の通りである。まずⅠにおいて、本章の提示する「熟議的な結婚」の基本的な考え方を述べる。続くⅡでは、熟議的な結婚が「何ではないか」を示すことで、この構想をさらに明確化する。最後にⅢでは、予想される反論のいくつかについて検討することを通じて、熟議的な結婚の構想をさらに明確化する。

Ⅰ　基本的な考え方

本節では、熟議的な結婚の基本的なアイデアを提示する。まず、それが民主主義に基づく結婚の一つのタイプであることについて述べる。次に、熟議的な結婚の具体像を描き出す。最後に、その境界、すなわち熟議的な結婚の範囲がその当事者たちの関係のみを指すものとは限らないことについて述べる。

1　「民主主義的な結婚」の一類型としての熟議的な結婚

熟議的な結婚は、民主主義的な結婚の一つの類型である。まず、本章で言う「民主主義（的）」とは、複数の人々に関わる問題をめぐって意思決定を行うこと、すなわち「政治」の中の一つのタイプを指す。この意味での政治には、当該の問題を一人で決めるタイプのもの（例：君主政）や、一部の人々で決めるタイプのものもある（例：貴族政）。民主主義とは、当該の「みんな」に関わる問題を「みんなで」決めるタイプの政治である。

次に、本章における「政治」についてである。結婚をめぐる議論では、権力関係あるいは争いや紛争などを念頭に置いて、「ポリティクス」という言葉が使われることがある。これに対して、本章における「政治」は、あくまで意思決定に関わるものである。このことは、権力関係あるいは争いや紛争の存在を否定することではない。人々の間に争いや紛争が発生する（可能性がある）からこそ、意思決定が必要なのである。また、人々の間に権力関係が存在している状態では、そこでの意思決定は、当事者たちの中で、少なくとも権力を行使されている側にある人々にとって、納得のいくもの、すなわち正統性のある意思決定となる可能性は低い。政治における意思決定は、強制的な側面を持つとともに、その意思決定の影響を受ける人々が、それを正統なものとして受け入れることができるものでなければならない。そうだとすれば、非対称的な権力関係の下での「意思決定」は、十分に「政治」が行われていないということを意味する。すなわち、本章の意味での政治は、権力関係を批判的に問い直すものでもある。

以上のように政治および民主主義を理解するならば、「民主主義的な結婚」とは、次のような結婚を意味する。すなわち、結婚する当事者たちの間で生じる問題について、当事者たち全員によって意思決定が行われるような結婚である。[6] 言い換えれば、もしも結婚する当事者たちの間で生じる問題が、その当事者たち以外の人々によって意思決定されるならば、その結婚は民主主義的とは言えない。また、当事者たちの中の一人または一部の人々によってのみ意思決定されるならば、これも民主主義的な結婚とは言えない。民主主義的な結婚とは、結婚に関わる事柄を、「結婚するみんな」で、その「みんな」が納得できる形で意思決定するような結婚のことである。

民主主義的な結婚の一つの類型が、「熟議的な結婚」である。民主主義にもいくつかのタイプがある。多数決による意思決定は、その一つである。「みんなの代表」が意思決定を行う代表制民主主義もある。「みんな」の話し合いによって意思決定を行う民主主義が、熟議民主主義である（田村 2008）。熟議民主主義は、熟議を通じた意見や選好の変容を重視することから、しばしば単純な多数決や投票としての民主主義（集計民主主義）と対比される（Bächtiger *et al.* 2018:2）。熟議的な結婚は、（少なくとも理論的には）あり得るいくつかの民主主義的な結婚の中で、熟議によって意思決定を行うような結婚のことである。

2　熟議的な結婚の具体像

ここでは、熟議的な結婚のイメージをより明確にする。第一に、熟議的な結婚においては、「結婚する」ないし「結婚している状態である」ことが、熟議の結果である。第二に、熟議的な結婚においては、結婚の日常生活における様々な出来事が熟議によって意思決定される。以下で順に述べよう。

■熟議の結果としての結婚

第一に、熟議的な結婚においては、結婚すること自体が熟議による意思決定の結果である。ただし、熟議的な結婚は、結婚の「始まり」の段階だけを意味するわけではない。つまり、「結婚する」ことがその当事者である全ての人々たちの熟議において意思決定されるべき、ということだけを指すのではない。それは、結婚後の日々の生活の中でも、少なくとも潜在的には熟議によってその関係が見直され得ることを意味している。

このような結婚観は、アンソニー・ギデンズが今日の結婚を「更改可能な契約（rolling contract）」という用語で特徴付けたことと類似している（Giddens 1992: 192=1995: 282）。ギデンズは、「純粋な関係性」としての今日の結婚について、その関係に「不正あるいは抑圧的と思う状況が生じた場合」には、パートナーのいずれも当該の「契約」に対して異議を申し立てることができるものとして捉えるべきことを論じている。そのような「更改可能な契約」は、「当該の関係の性質についてのパートナーたちによる開かれた討論の基礎であるとともに、その開かれた討論を通じての交渉に開かれているという意味で、憲法的な装置（constitutional device）なのである」（Giddens 1992: 192=1995: 282. 訳は修正）。

本章は、このギデンズの見解に、そのような「契約」それ自体の実効性が日常的な話し合いによって確保される、という指摘を付け加えたい。なぜなら、「不正あるいは抑圧的」な状況がなければ「契約」は維持されている、と見なすことはできないからである。

第一に、たとえ「純粋」なものであっても、結婚が他者間の関係である以上、その関係性の維持のためには、より日常的な様々な場面でのコミュニケーションのあり方も重要である。「結婚」している人々は、日常生活の中でのコミュニケーションを通じて、互いに相手を知り、共通理解を形成し見直していくと考えられる。ボラ・カンラは、このようにして「他者」との間に共通理解を形成していくことを目指す熟議を、「社会的学習としての熟議」と呼んだ（Kanra 2009）。熟議的な結婚は、日常生活における社会的学習としての熟議を通じて、その都度形成されていくものなのである。

第二に、現在における結婚を「純粋な関係性」だけによって特徴づけることはできないと思われる。ギデンズは、純粋な関係性の特徴の一つとして、「社会的・経済的な生活といった外的条件にはつなぎ止められていない」ということを挙げている。純粋な関係性は、「情緒的満足」や「親密な感情」のみによって存続するというのである（Giddens 1991: 89-90=2021: 151-153）。しかし、「外的条件」につなぎ止められていない人々による生活は、常に別々のものになる可能性を秘めたものである。エリーザベト・ベック＝ゲルンスハイムが述べるように、「家族の成員一人一人の生活は、周期や場所、要求がそれぞれ異なっており、何もしなければめったに一致することはない」（Beck and Beck-Gernsheim 2001: 91=2022: 154）。つまり、結婚においてその当事者たちは、「純粋な関係性」によって繋がっている一方で、別々の「個人」でもある。だからこそ、結婚においても、一人ひとりのライフヒストリーは「バラバラになりがち」であり、それをまとめていくためには「ますます多くの調整が必要」となる（Beck and Beck-Gernsheim 2001: 90=2022: 152）。このように、「個人化」を前提とした結婚においては、それにもかかわらず（純粋な）「関係性」を維持していくための調整の努力が必要となる。熟議はそのために必要なのである。[7]

〔田村　哲樹〕

■日常的な事柄の熟議による意思決定

第二に、熟議的な結婚においては、結婚生活の日常生活における様々な事柄は熟議によって意思決定されるべきものである。したがって、それらが熟議に先立つ要素に基づいて決まっている場合には、熟議的な結婚とは言えない。例えば、異性愛夫婦の結婚において、性別分業の規範に基づいて家事や育児が男女間に割り当てられている場合、これを熟議的な結婚と呼ぶことはできない。むしろ、そのようなあらかじめ存在する規範を熟議によって見直し、当事者たちが合意できる分担のあり方を見出すことに、熟議的な結婚の特徴がある。

熟議的な結婚において、熟議を通じた日常的な事柄の見直しと、その結果の平等性とを同一視することはできない。例えば、先に挙げた異性愛夫婦における家事や育児の分担について、熟議的な結婚においては、それらの平等な分担そのものが重要なのではない。そうではなく、分担のありかたが熟議を通じて正統に決定されることが重要なのである。したがって、その結果として、「不平等な」分担が決定される場合もあり得る。熟議民主主義も「政治」の一つの形態である以上、その意思決定の結果をあらかじめ定めることはできないのである。このような議論には批判も予想されるが、それについてはⅢで検討する。

3　「結婚」の境界を再考する

本項では、熟議的な結婚の境界について検討する。ここで「結婚の境界」とは、「結婚」に含まれる人々の範囲を意味する。熟議的であれそうでないものであれ、一般的には結婚の境界は、（何らかの意味で）「結婚する／している人々」（例：夫婦）とそうではない人々との間に引かれるものであろう。しかし、歴史的に見れば、このような境界の理解は必ずしも自明ではない。結婚が、結婚する当事者を超えて、親や親族あるいは共同体までも含めた形で行われるものだった時代もある。

熟議的な結婚は、このような「伝統的」な結婚の境界を支持するものではない。そこでは、熟議の契機が欠けているか、そうでなくても軽視されていると思われるからである。だからといって、熟議的な結婚の境界は、今日の通常の意味での「結婚」のそれと一致するとは限らない。むしろ、熟議的な結婚は、今日の通常の意味での「結婚」の範囲を超えた要素を「結婚」の名の下で理解することを可能にする。

■熟議システム論を用いた「境界」の見直し

そのための手がかりとなるのが、「はじめに」で言及した熟議システム論である。この議論を援用することで、熟議的な結婚の境界が通常想定される結婚のそれとは異なることを示すことができる。熟議システム論は、熟議を特定の一つの制度あるいは実践として見るのではなく、複数の制度や実践（その中には、個別的には「非熟議的」なものも含まれ得る）の接続として見ていくアプローチである。ただし、システムとそこでの「接続」の理解の仕方によって、熟議システム論の中にもいくつかのタイプがある。すなわち、「空間」的な理解、「ネットワーク」的な理解、そして「段階」的な理解である（Hendriks *et al.* 2020: Chap.2）。ここではジョン・S・ドライゼクらによる空間的な熟議システム論を参照する。ドライゼクらは、熟議システムを、「公共空間」、「意思決定の空間」、「伝導」、「アカウンタビリティ」、「反省性」といった要素から成るものと見なす（Dryzek and Tanasoca 2021: 194–195）。これらの要素をどこに見出すかによって、熟議的な結婚の境界は、通常想定するような「結婚」の境界を超えたものになり得る。

例えば、結婚した（異性愛）夫婦の妻が、その家事・育児分担のあり方にストレスを感じていたが、子育てグループで出会った他の女性たちの話を聞き、また、自らの境遇についての話を聞いてもらうことで、夫に対して家事・育児分担に関する問題提起を行うことができるようになったとしよう（田村 2019: 26ff.）。この場合、通常の意味での「結婚」の外部にある子育てグループは、「熟議システムとしての結婚」においては、その構成要素の一つとしての「公共空間」であると捉えることができる。この妻は、「公共空間」でのコミュニケーションによって、知見と（恐らくは）自信・自尊心を獲得し、夫婦間での意思決定の場、つまり「決定権限を付与された空間」へと、意見を自ら「伝導」していく。

別の例として、事実婚であるが「結婚式」は行いたいという二人の場合を考えてみよう[8]。その二人が利用しようとする結婚式場やブライダルサービスは、通例的な結婚を想定しているために、事実婚を選択した者として通例的ではない結婚式を行おうとする二人は、式場やサービスの担当者との間で行き違いや見解の相違があったとしても、それなりに主張を行い、最終的にはそれなりに満足できる形で「結婚式」を行うことができたとしよう。そして、このような経験を踏まえた結婚式場・ブライダルサービスは、その後の同様の「結婚式」について、それ以前とは異なる対応を取るようになったとしよう。

この事例を熟議システム論的に捉え直すと、次のようになる。第一に、結婚式をめぐる意思決定は、結婚する当事者の二人だけではなく、結婚式場・ブライダルサービスの担当者が関わる形にならざるを得ない。すなわち、この場合の「熟議システムとしての結婚（式）」において、「決定権限を付与された空間」には、結婚する当事者以外の人々も関与している。第二に、そうして行われた、ある「熟議システムとしての結婚（式）」における意思決定の結果は、結婚式場・ブライダルサービスの担当者によって、別の二人の結婚式、つまり別の「熟議システムとしての結婚（式）」に波及する。このような異なる熟議システム間の接続を「水平的な伝導」と呼ぶこともできるかもしれない。通常、伝導はある熟議システムにおける「公共空間」から「決定権限を付与された空間」への、言わば「垂直的な」ものを指す。しかし、複数の熟議システム間の接続を念頭に置くならば、これと区別された「水平的な伝導」を提起することもできるだろう。第三に、さらにこうして事実婚を行った二人が、その（苦労した）経験をＳＮＳ等で述べそれが拡散されるならば、それは「公共空間」へのこれまでとは異なる結婚式のアイデアの普及を意味する。このようにして「公共空間」に新たな結婚式のアイデアが広く浸透するならば、次に結婚式を行おうとする人々は、それを参照・学習して、自分たちの結婚式の意思決定を行うことができる。このように考えるならば、やはり「結婚」の境界は、通常の場合とは大きく異なったものになる。

以上のように、熟議システム論を援用することによって、結婚の境界は大きく変化する。熟議的な結婚は、結婚における熟議の契機の重要性を唱えるだけではない。この概念は、「結婚する当事者」とそれ以外の人々との間に境界線を引く「結婚」の考え方の見直しを求めるものでもある。

■疑問と応答

しかしながら、このことは「伝統的な」結婚の擁護に繋がるのではないか、という疑問も生じるかもしれない。すなわち、「熟議システムとしての結婚」論は、結婚を「両性の合意のみに基いて成立」（日本国憲法第二四条第一項）するものとする理念から後退して、結婚を当事者以外の人々や関係に左右される「伝統的な」ものにしてしまうのではないだろうか。

この疑問には、次のように答えることができる。「熟議システムとしての結婚」は、熟議システムとして、その構成要素の一つである「反省性」を備えたものでなければならない。反省性とは、当該システムがそのパフォーマンスを評価し、必要ならばその評価に応じて変化する能力を意味する（Dryzek and Tanasoca 2021: 195）。そうだとすれば、「熟議システムとしての結婚」は、「伝統的な」結婚とは異なる。後者は典型的には、部族間の関係、共同体の慣習、親や親族の意思などによって（かなりの程度）決定されている結婚である。そのような結婚が、ここで述べるような意味での反省性を備えているとは言い難い。確かに、結婚の境界を拡張することは、結婚がその当事者を超えてその外部の諸要素に左右される可能性を高める。しかし、そのことが直ちに伝統的な結婚への回帰を意味するわけではない。「熟議システムとしての結婚」論は、一方で現実の結婚をめぐる意思決定に当事者たち以外の人々や要素が関わっていることを明示的にするとともに、他方で最終的には反省性を規範的基準として持つことで、伝統的な結婚への回帰を回避するのである。

Ⅱ　それは何ではないのか？

1　「平等な地位」に限られない

熟議的な結婚は、「結婚」する人々の平等な地位の保障に限られない。もちろん、人々の地位が平等であることは、民主主義の重要な条件である（Dahl 1998=2001）。「結婚式のデモクラシー」が平等の観点から論じられることもある（横田 2022）。しかし、熟議的な結婚の観点からは、平等な地位に注目するだけでは十分ではない。その理由は、以下の二点である。

■プロセスの重要性

第一に、本章における（熟議）民主主義は、コミュニケーションのプロセスおよびその結果としての集合的意思決定の方法である。それが民主主義である以上、意思決定に参加する人々の平等、すなわち政治的平等が保障されていることは望ましい[9]。しかし、熟議民主主義にとっては、政治的平等だけで十分というわけではない。まず、熟議民主主義は、コミュニケーションの様式の一つである。あるコミュニケーションが「熟議民主主義的」かどうかは、それにかかわる人々の立場の平等だけでは判断できない。それに加えて、当該コミュニケーションが「熟議的」であるかどうかが重要なのである[10]。次に、民主主義が「政治」の一類型である以上、最終的にはそれは意思決定を行うことである。すなわち、政治的に平等な（と想定される）「みんな」が、どのようにして自分たちを拘束する正統性のある意思決定を行っていくのか、また、問題があった時にはそれを見直していくことができるかという点が重要なのである。人々の平等な地位の保障は、熟議的な結婚の前提条件ではあるかもしれないが、その核心というわけではない。熟議的な結婚において重要なのは、人々の間で行われる熟議のプロセスそのものである。

右で述べた、結婚における意思決定とその特質について敷衍しておこう。結婚においては、ある時点における意思決定が、一定の時間的経過の中で当事者たちに持続的に影響を及ぼすことも多い。例えば、住宅や自動車の購入、あるいは貯蓄など、「大きな財産」をめぐる意思決定について考えてみよう。これらの財産をめぐる意思決定は、購入を決めた最初の時点だけではなく、その後も持続的に結婚当事者たちに影響を及ぼす。結婚における「大きな財産」をめぐる意思決定のこのような特質を踏まえて、ブレイクは、だからこそ結婚当事者たちの意思決定権力の平等について、「厳密な」平等を求めるのではなく、「持続的に意思決定権力から疎外されることとの禁止」として理解されるべきだとする（Brake 2016: 113）。ブレイクの議論は、結婚当事者たちの平等について、とりわけ意思決定における平等に焦点を当て、かつ、結婚における意思決定の効果をプロセスの中で把握しようとしている点で重要である。ただし、その彼女の議論にも、彼女の意味で「平等」な当事者たちがどのようにして意思決定を行うのかという論点の検討、とりわけ、ある時点での意思決定を後の時点でどのように見直していくのかについての検討は見られない。熟議民主主義が光を当てるのは、この部分である。

■不平等と民主主義

第二に、熟議的な結婚は、たとえその人々の地位が不平等であっても、あるいはむしろ不平等だからこそ、実践されるべきものである。一般に、民主主義ではそれにかかわる人々の政治的平等が保障されていることが望ましい。しかし、民主主義とは、不平等な地位にある人々から、その改善を求めて行われるものでもある。熟議民主主義研究の中でも特にドライゼクは、熟議民主主義をこのような視点から議論してきた。彼は、アメリカ公民権運動の指導者であったマーティン・ルーサー・キング牧師などを事例として、理性的な論証だけではなく、人々の情念に強制的ではない形で訴える「レトリック」などを用いて、広く社会における諸言説の配置状況を変化させ、分かたれた人々を「架橋」する実践を重視する(Dryzek 2010: Chap.4)。もちろん、しばしば結婚を特徴づける親密性や「私的」で閉鎖的になりがちな関係性は、不平等を変革する民主主義の阻害要因となり得る。しかし、先述したような、狭義の結婚当事者たちの外部でのエンパワーメントなどもあり得る（田村 2017: 第六章）。困難だということと、必要がないということとは区別されるべきである。

〔田村　哲樹〕

2　「典型的な結婚」だけではない

熟議的な結婚は、「典型的な」結婚に限られるわけではない。ここで典型的な結婚とは、異性愛の男女による結婚を指す。「結婚」がそのようなものでよいのかについては、同性婚をはじめとして今日では多くの議論がある。こうした、結婚のより多様なあり方を見出し認めていこうとする議論を、ここでは「結婚の多様化」論と呼んでおきたい。

ただし、本章の関心は、「典型的な」結婚以外の結婚の探究にはない。本章が提起するのは、「結婚」と称される人間関係は、熟議を通じて調整・意思決定されるべきだということである。例えば、同性婚やポリアモリーについて、それらを「結婚」として承認することによって、異性愛中心的な結婚観あるいは一夫一婦制的な結婚観に基づく制度的な差別や社会的偏見が是正・解消されるかもしれない。しかし、だからといって、同性婚やポリアモリーの当事者たちの間では意見の不一致やそれに基づく対立・紛争は存在しない、ということにはならない。どれほど親密ないしケアに基づく関係であっても、その当事者たちが異なる人々である以上、意見の不一致や対立・紛争が発生する可能性は、常に存在するのである。

したがって、本章は、何らかの「非政治的」な要素によって結婚を特徴づけようとする試みとは一線を画する。ここで非政治的な要素としては、（性的なものを含めた）「愛情」、「親密性」、さらには「ケア」などが考えられる。例えば、エリザベス・ブレイクは、「性愛規範性」あるいは子の養育に基礎を置く結婚の捉え方に対して、「成人間のケア関係」（Brake 2012: 149=2019: 252）を核心とする結婚観、すなわち「最小結婚」を提起している。彼女の提案は、従来の結婚概念に大幅な見直しを迫る野心的なものである。しかし、本章の観点からは、結婚という関係性の核心ないし基礎に、結婚する人々を繋ぐ政治以前の要素を見出そうとする点で、彼女の試みも、これまでの結婚論と共通している。これに対して、本章は、結婚における政治の不可避性を主張する。いかなる「繋がり」によって特徴づけられる「結婚」も、それが異なる人々から成る関係である以上、（できれば熟議民主主義的な）政治を行うことが必要である。熟議的な結婚の射程は、「非典型的」な結婚にまで及ぶのである。

〔田村　哲樹〕

Ⅲ　予想される批判への応答

1　結婚の構造的限界

本章の議論に対して予想される批判の第一は、どのような形であれ「結婚」には限界がある、というものである。すなわち、結婚は、その当事者たちに構造的な不平等をもたらすものであり、たとえそれが「熟議的」なものであるとしてもその本質に変わりはない、という批判である。

このような批判と本章との違いは、ある人間関係の構造的規定性をどのように理解するかという点にある。確かに、フェミニズムが「個人的なことは政治的である」と問題提起した時、念頭に置かれていたことの一つは、一見「個人的なこと」が実は国家によって決定されているということであった（Okin 1989: 111=2013: 179）。実際、結婚の日常生活において、結婚当事者たちの外部の要因が結婚当事者たちの意思決定に影響を及ぼすことはあり得る。例えば、異性愛夫婦において、妻が「男性にとっては仕事が大事だから」とか、「夫が家計を主として支えてくれているから」といった「理由」によって、言わば「納得」して性別分業を受け容れることは、しばしば見られる（孫 2022: 142–146; 巽 2018: 148–149）。これは、結婚外部の経済の領域が、典型的には夫婦間の所得格差や「仕事」の重要さの違いなどとして、結婚における意思決定に影響を及ぼしている状況として解釈することができる。

しかし、本章は、結婚を含む人間関係を構造的にのみ規定されるものとしては捉えない。別稿で論じたように（田村 2021）、ある人間関係がその外部 —— 国家とその法あるいは経済・職業 —— によって完全に規定されているとは限らない。例えば、国家の政策がジェンダー不平等的な性格を持つからといって、その政策が及ぶ家族やその他の人間関係が必然的にジェンダー不平等的になるというわけではない。「マクロ」な要素が「ミクロ」な要素を規定しているという見方は、「ミクロ」な要素が、そこに生きる人々の熟議を含む相互作用によって構成される側面を軽視している。

実際、（異性愛家族における）夫婦間での性別分業が、変化することもある。大野祥子は、インタビュー調査を通じて、結婚において男性・夫が仕事優先の生き方を変化させることがあり得ることを明らかにしている。その鍵は、男性・夫の「家族観という信念レベルでの転換」である（大野 2016: 113）。その転換には、しばしば仕事を相対化することへの「妻の理解」が重要な役割を果たしている。そして、この「妻に支持され受け入れられた経験」が、今度は「妻のニーズに応えようという意識を生じさせる」。こうして、たとえ「周囲の多数派とは異なる生き方」であっても、「家族とは、自ら進んで、お互いの状況やニーズをモニターしあい、互いに歩み寄って柔軟に対処・ケアしあう関係を生成し続けるものである」という、「応答的関係を生成するのが家族」という家族観を持つようになる（大野 2016: 105-107）。ここで重要なことは、大野が調査を通じて描き出す家族観の転換が、まさに家族（結婚）という「ミクロ」な関係性の中で生じていることである。[11]

結婚の当事者たちは、その人々を取り囲む「マクロ」な環境によって影響を受ける。しかし、だからといって、もっぱら「マクロ」な環境によって当事者たちの「ミクロ」な関係が規定されている、ということにはならない。熟議的な結婚の構想は、結婚において、国家や経済によって規定され尽くせない偶発性の領域を認め、それゆえに熟議を通じた変化可能性があることを含意する。

2　「熟議」の限界

第二に、仮に「結婚」の概念自体は受け入れるとしても、その熟議的な統治は不可能（ないし極めて困難）である、という批判もあり得るだろう。この批判によれば、結婚とは、当事者間の立場の不平等性を構造化するものであるか、そうでなくても、非公式かつ（外部に対して「隠されている」という意味で）「私的」な空間であるがゆえに不平等なコミュニケーションを是正することが難しいものである。

この批判に対して、本章は次のように応える。まず、先に述べたように、本章は偶発性を基礎とする政治理論的な視座に依拠している。この視座は、「ミクロ」な結婚当事者たちの関係にも適用可能である。たとえその関係が不平等であるとしても、政治理論的には、その関係を不変的なものとして見なければならないというわけではない。その関係の基礎には、偶発的な領域があるからである。

実際、熟議民主主義論においても、現実世界における非対称的な権力関係を認めつつ、それを固定的・不変的なものとして見るのではない議論が展開されている。ニコル・クラートらは、ライナー・フォルストの「存在的権力（noumenal power）」の概念を参照しながら、権力を言説的な「理由の空間」において作用するものとして捉える（Curato *et al.* 2019: 13–17）。この理由の空間は、「たとえ最も専制的な体制においても」多元性に開かれている。フォルストの提示する事例だと、（権力行使者が有する）戦車は客観的な脅威に見えるかもしれないが、それにもかかわらず、権力を行使される側が戦車を恐れなくなる場合、あるいは、戦車の乗員が人々を敵視して発砲しようとはしなくなる場合がある。この場合、「戦車の人々を殺傷する能力は変わらないが、人々は、兵士たちが彼女たちを撃つと信じる理由を持たなくなった」のである。このように、不平等な関係の基礎にある権力の作用が言説的なものであり、かつ、それを正当化する理由が多元的であるとすれば、「権力行使者に従わない」ための理由も存在し得るということになる。

もちろん、その上での問題は、相対的に閉鎖的・固定的な結婚という関係において、どのようにして「権力行使者に従わない」ための理由が提示され得るのか、ということである。この点について本章は、「熟議システムとしての結婚」について論じたように、ある人間関係を、その外部の場所や別の人間関係と接続したものとして捉えることができ、かつ、そのような接続の中でエンパワーメントされることもあり得るものとして捉えている。そうだとすれば、一見したところでは「閉じて」おり、かつ不平等に見える結婚当事者たちの関係も、他の要素との接続のあり方次第で変化していく可能性があるだろう。

現実の結婚において、ある時点において「熟議など不可能」と見えることがあるかもしれない。しかし、だからといってそれが必然的かつ不変的であるとも言えないのである。

〔田村　哲樹〕

3　国家法的な次元での結婚の位置

最後に、国家法的な次元での結婚を無視してよいのかという批判を取り上げる。熟議的な結婚は、（「熟議システムとしての結婚」として拡張された場合でも）結婚当事者たちに焦点を当てている。しかし、人々が「結婚」を語る場合、大抵は国家法的な意味での婚姻を念頭に置いているだろう。それは、事実婚を選択する場合でも当てはまる。そうだとすれば、国家法的な次元を無視して熟議的な結婚を語ることに、どれほどの意味があるのだろうか。

この疑問に対する本章の答えは、そもそも熟議的な結婚の概念は法的な次元で考えられてはいない、というものである。熟議的な結婚は、法的な次元での婚姻であるかどうかにかかわらず、当事者たちが「結婚」と見なす関係性の定式化というものがあり、そうだとすれば、その関係性には熟議民主主義による意思決定が必要だ、と主張するものだからである。しかし、ここでは、法的な次元での婚姻をも視野に入れた形で、熟議的な結婚を考えてみたい。そして、このことを、熟議システム論をさらに発展させる形で理論的に表現してみたい。

〔田村　哲樹〕

■同時並行的な熟議システムを生きる

ここで提案するのは、熟議システムとしての熟議的な結婚を、さらに多次元的なものとして捉え直すことである。すなわち、結婚の当事者たちは、「結婚」という問題について構成され得る複数の熟議システム（あるいは「非熟議」システム）を、言わば同時並行的に生きている、と考えてみたい。

例えば、「事実婚」を選択したが、もしも「別姓婚」が認められるならば法的な結婚を行いたい、と考えている人々がいたとする。この人々は、一方で国家的な次元での結婚をめぐる政治に関わっている。ただし、別姓婚は国家的な次元では認められていないため、その人たちの意見はこの次元での政治に十分反映されているとは言えない。熟議システム論的に言えば、国家的な次元での熟議システムにおいて、「公共空間」における別姓婚を求める意見は、「決定権限を付与された空間」に十分に「伝導」されていない[12]。しかし、この事実婚当事者の人々は、国家法的な次元のみで「結婚」を生きているわけではない。結婚に関する国家法上の規定がどのようであれ、この人々は既に「事実婚」としての関係性を形成することを意思決定し、その関係性に基づいて日常生活を送り、そこで生じる様々な問題についても（できることならば熟議を通じて）意思決定しているのである。この時、この人々は、国家的な次元での熟議（ないし非熟議）システムと、日常生活的な次元での熟議（ないし非熟議システム）とを、同時並行的に経験し、その中で生きているということになる。すなわち、その事実婚当事者たちは、国家的な次元では、「別姓婚」の法制化をめぐる政治過程に注目し（場合によって）意見表明等を行う。他方で、その人々は、日常生活的な次元では、国家法の規定にかかわらず、本人たちの間での意思決定に基づいて「結婚」した人々として生活を送り、日々生じる問題について意思決定を行うだろう。

■ミクロ－マクロではなく

重要なことは、国家的および日常生活的な二つの「システム」の関係は、どちらかが「ミクロ」でどちらかが「マクロ」ということではない、という点である。先に「同時並行的」という言葉を用いたが、ニクラス・ルーマンの機能分化論における「システム」と「環境」の区別を援用することもできる[13]。すなわち、国家的な次元での熟議システムにとって、日常生活的な次元での熟議システムは「環境」である。同時に、日常生活的な次元での熟議システムにとっても、国家的な次元での熟議システムは「環境」である。

もちろん、例えば日常生活的な次元の「システム」に、国家法的な意味での「結婚」が関わってくることはあり得る。しかし、日常生活的な次元での熟議「システム」では、国家法的な意味での「結婚」は、あくまで「環境」である。したがって、この場合には、国家法的な意味での「結婚」は、それが日常生活に入り込んでくるとしても、日常生活的な次元での熟議「システム」における（国家法的な意味とは異なる）「結婚／非結婚」の区別に沿って処理されることになるだろう。

以上のように考えるならば、熟議的な結婚ないし熟議システムとしての結婚の提案は、国家法的な意味での結婚に完全に取って代わるものではない。両者は、同時並行的に存在し得る。そして、「結婚」する人びとは、二つの（あるいはそれ以上の）「結婚」に関するシステムを同時的に生き得るのである。

〔田村　哲樹〕

おわりに

本章は、全体として「熟議的な結婚」という構想について論じた。熟議的な結婚は、「結婚とは何か？」という問いに対して、直接答えようとするものではない。それが意味するのは、何であれ「結婚」と呼ばれ得る／見なされ得る関係には熟議が必要だ、ということである。また、熟議的な結婚は、例えば同性婚やポリアモリーは認められるべきか、といった問いに対しても、やはり直接的に答えるものではない。それは、同性婚やポリアモリーにおける熟議の契機の重要性に光を当てるものである。

「熟議的な結婚」の提唱はまた、結婚をその外部の構造的要因によって規定されたものとして把握するタイプの議論とは異なる道を歩むことを意味する。「ミクロ」に見える場が「マクロ」な構造によって規定されているという見方には、「わかりやすい」ところがある。しかし、本章は、「ミクロ」な場はそこに生きる人々によって作られていくものでもあること、そして、そもそも「ミクロ」と規定することが適切かどうかについても検討の余地があることを論じた。政治理論は、社会の基礎に偶発性を見出す。熟議的な結婚は、そのような政治理論の「結婚」への適用である。

（1）　本章では、複数の大人間の関係（必ずしも二人とは限らない）に関わる場合、「結婚」と「家族」を互換的に用いている場合がある。
（2）　法哲学の立場からの検討として、池田（2022：第7章、第7章補論）を参照。
（3）　このような本章の立場と共通する視点を持つものとして、阪井裕一郎の研究がある。阪井は、「家族／結婚の本質化」を問題にし（阪井 2022a）、「結婚」概念の「変容可能性」とそれを「不断に問い直していくプロセス」（阪井 2022b: 209）を重視する。

（4）　熟議システム論の代表的な文献の一つ（Parkinson and Mansbridge 2012）のサブタイトルは、「大きな規模での熟議民主主義（deliberative democracy at the large scale）」である。

（5）　この観点からの、マンスブリッジに対する批判的考察として、田村（2017: 222-227）を参照。ジョン・S・ドライゼクの場合、二〇一四年の著作（Stevenson and Dryzek 2014）で、熟議システムの構成要素の一つとして、新たに「私的空間（private space）」を付け加えたが、それ以降の著作では「私的空間」に言及しなくなっている。

（6）　本章では、結婚を必ずしも二者間のものだけに限定しては考えていない。より多くの数の人々の間での結婚、いわゆる「ポリアモリー」については様々な評価があり得るが、本章ではその規範的是非を問うことはしない。本章の立場は、仮にポリアモリーを認めるとしても、そこでの人々の関係は熟議によって統治されるべきだ、というものである。

（7）　多くの（異性愛以外も含む）「カップル」へのインタビュー調査に基づき、カップルのそれぞれが各自のキャリアや人生を独立のものとして捉えていることが、その関係において生じる困難の解決を難しくすると指摘するものとして、ペトリリエリ（2019=2022）を参照。ペトリリエリが重視するのも、カップル間での「話し合い」である。

〔田村　哲樹〕

（8）この仮想例は、横田（2022）の記述および私自身（とパートナー）の経験から示唆を得ている。

（9）「政治的」平等と社会的ないし経済的平等との違い、さらには緊張関係については、別稿で論じた。田村（2022b）を参照。また、「民主的家族」は「平等な家族」とは異なると論じた田村（2015）も参照。

（10）アイリス・M・ヤングなどによる批判を受け止めて、今日の熟議民主主義研究では、熟議的なコミュニケーション様式が「理性的な」もの（理由の提示）に限られないことは、共通認識になっている（Curato *et al.* 2017; 田村 2008）。また、熟議は言語的なものだけによって行われるとも限らない。近年の研究では、非言語的な諸要素と熟議との関係についても関心が集まっている。Mendonça *et al.*（2022）などを参照。

（11）「社会政策や制度の拡充は大切だが、制度や法律を整えたとしても、それだけで問題が解決する訳ではない。世の中を動かし変化を起こすのは、それらを利用する『人の行動』なのである。社会学や社会政策論とは違って『個人』を研究対象とする発達心理学の立場から、この点を強調しておきたい。」（大野 2016: 206）

（12）本文の記述からは、ゆえに国家次元では熟議システムが成立していない、という解釈になり得る。ただし、しばしば事実婚の法制化を求める「公共空間」での活動は活性化し、「伝導」

を担うアクター、「決定権限を付与された空間」のアクターの中にも、法改正を支持する者もいることから、将来的に既存の法制度が見直される可能性もある。その場合には、国家次元での政治は熟議システムとして作動しているということになるだろう。

(13) ルーマンの機能分化論の解説として、長岡（2006：第一五章）、坂井（2021: 57–68）を参照。ただし、私の準備不足のため、本章における「システム」と「環境」の区別の適用は、不十分なものである可能性がある。また、複数の「システム」の同時並行性を述べることは、私がこれまで提起してきた「入れ子型の熟議システム」（Tamura 2014）とは異なる議論を展開することでもある。このことの持つ意味についても検討が必要だが、この点についても本章では扱うことができない。

〔田村　哲樹〕

〈参考文献〉

Bächtiger, André, John S. Dryzek, Jane Mansbridge, and Mark E. Warren (2018) 'Deliberative Democracy: An Introduction,' in André Bächtiger, John S. Dryzek, Jane Mansbridge, and Mark E. Warren (eds.) *The Oxford Handbook of Deliberative Democracy*, Oxford University Press.

Brake, Elizabeth (2012=2019) *Minimizing Marriage: Marriage, Morality, and the Law*, Oxford

University Press.（久保田裕之監訳、羽生有希・藤間公太・本田真隆・佐藤美和・松田和樹・阪井裕一郎訳『最小の結婚――結婚をめぐる法と道徳』白澤社）

Brake, Elizabeth（2016）'Equality and Non-hierarchy in Marriage: What Do Feminists Really Want?' in Elizabeth Brake（ed.）*After Marriage: Rethinking Marital Relationships*, Oxford University Press.

Curato, Nicole, John S. Dryzek, Selen A. Ercan, Carolyn M. Hendriks, Simon Niemeyer（2017）'Twelve Key Findings in Deliberative Democracy Research,' *Dædalus*, 146（3）: 28-38.

Curato, Nicole, David M. Farrell, Brigitte Geissel, Kimmo Grönlund, Patricia Mockler, Jean-Benoit Pilet, Alan Renwick, Jonathan Rose, Maija Setälä, and Jane Suiter（2021）*Deliberative Mini-Publics: Core Design Features*, Bristol University Press.

Curato, Nicole, Marit Hammond, and Jon B. Min（2019）*Power in Deliberative Democracy: Norms, Forums, Systems*, Palgrave.

Dahl, Robert A.（1998=2001）*On Democracy*, Yale University Press.（中村孝文訳『デモクラシーとは何か』岩波書店）

Dryzek, John S.（2010）*Foundations and Frontiers of Deliberative Governance*, Oxford University Press.

Dryzek, John S. and Ana Tanasoca（2021）*Democratizing Global Justice: Deliberating Global Goals*, Cambridge University Press.

Elstub, Stephen, Selen A. Ercan and Ricardo Fabrino Mendonça（eds.）（2018）*Deliberative Systems in Theory and Practice*, Routledge.

Giddens, Anthony（1991=2021）*Modernity and Self-Identity: Self and Society in the Late Modern Age*, Polity.（秋吉美都・安藤太郎・筒井淳也訳『モダニティと自己アイデンティティ ── 後期近代における自己と社会』ちくま学芸文庫）

Giddens, Anthony（1992=1995）*The Transformation of Intimacy: Sexuality, Love and Eroticism in Modern Societies*, Stanford University Press.（松尾精文・松川昭子訳『親密性の変容 ── 近代社会におけるセクシュアリティ、愛情、エロティシズム』而立書房）

Grönlund, Kimmo, André Bächtiger, and Maija Setälä（eds.）（2014）*Deliberative Mini-Publics: Involving Citizens in the Democratic Process*, ECPR Press.

Hendriks, Carolyn M., Selen A. Ercan, and John Boswell（2020）*Mending Democracy: Democratic Repair in Disconnected Times*, Oxford University Press.

池田弘乃（2022）『ケアへの法哲学 ── フェミニズム法理論との対話』ナカニシヤ出版。

Kanra, Bora（2009）*Islam, Democracy and Dialogue in Turkey: Deliberating in Divided*

Societies, Ashgate.
Mansbridge, Jane（1999）'Everyday Talk in the Deliberative System,' in Stephen Macedo（ed.）*Deliberative Politics: Essays on Democracy and Disagreement*, Oxford University Press.
Mendonça, Ricardo Fabrino, Selen A. Ercan, and Hans Asenbaum（2022）'More Than Words: A Multidimensional Approach to Deliberative Democracy,' *Political Studies*, 70（1）: 153-172.
牟田和恵（2010）「ジェンダー家族と生・性・生殖の自由」岡野八代編『自由への問い⑦　家族』岩波書店。
牟田和恵・岡野八代・丸山里美（2021）『女性たちで子を産み育てるということ —— 精子提供による家族づくり』白澤社。
長岡克行（2006）『ルーマン／社会の理論の革命』勁草書房。
Okin, Susan Moller（1989=2013）*Justice, Gender and the Family*, Basic Books.（山根純佳・内藤準・久保田裕之訳『正義・ジェンダー・家族』岩波書店）
大野祥子（2016）『「家族する」男性たち —— おとなの発達とジェンダー規範からの脱却』東京大学出版会。
Parkinson, John and Jane Mansbridge（eds.）*Deliberative Systems: Deliberative Democracy at the Large Scale*, Cambridge University Press.

〔田村　哲樹〕

Pateman, Carole（1988=2017）*The Sexual Contract*, Stanford University Press.（中村敏子訳『社会契約と性契約――近代国家はいかに成立したのか』岩波書店）

ペトリリエリ、ジェニファー（2019=2022）髙山真由美訳『デュアルキャリア・カップル――仕事と人生の3つの転換期を対話で乗り越える』英治出版。

坂井晃介（2021）『福祉国家の歴史社会学――19世紀ドイツにおける社会・連帯・補完性』勁草書房。

阪井裕一郎（2022a）『〔改訂新版〕事実婚と夫婦別姓の社会学』白澤社。

阪井裕一郎（2022b）「婚姻制度の廃止か、改革か？――パートナー関係への国家介入について」植村恒一郎・横田祐美子・深海菊絵・岡野八代・志田哲之・阪井裕一郎・久保田裕之『結婚の自由――「最小結婚」から考える』白澤社。

孫詩彧（2022）『家事育児の分担にみる夫と妻の権力関係――共働き家庭のペアデータ分析』明石書店。

Stevenson, Hayley and John S. Dryzek（2014）*Democratizing Global Climate Governance*, Cambridge University Press.

田村哲樹（2008）『熟議の理由――民主主義の政治理論』勁草書房。

Tamura, Tetsuki（2014）'Rethinking Grassroots Participation in Nested Deliberative Systems,'

Japanese Political Science Review, Vol. 2: 63-87.

田村哲樹（2014）「政治／政治的なるものの政治理論」井上彰・田村哲樹編『政治理論とは何か』風行社。

田村哲樹（2015）「『民主的家族』の探究 ── 方法論的ナショナリズムのもう一つの超え方」『法政論集』第二六二号、一五一－三七頁。

田村哲樹（2017）『熟議民主主義の困難 ── その乗り越え方の政治理論的考察』ナカニシヤ出版。

田村哲樹（2019）「熟議システムとしての家族」田村哲樹編『日常生活と政治 ── 国家中心的政治像の再検討』岩波書店。

Tamura, Tetsuki (2020) 'Another Way for Deepening Democracy without Shortcut,' *Journal of Deliberative Democracy*, 16 (2): 89-95.

田村哲樹（2021）「『家族とジェンダー』と政治学」『GRL Studies』（名古屋大学）第三号、七六－九〇頁。

田村哲樹（2022a）「家族と民主主義」二宮周平・風間孝編著『家族の変容と法制度の再構築 ── ジェンダー／セクシュアリティ／子どもの視点から』法律文化社。

田村哲樹（2022b）「政治的平等 ── 政治理論的考察」愛敬浩二編『講座立憲主義と憲法学 第2巻 人権I』信山社。

〔田村　哲樹〕

巽真理子（2018）『イクメンじゃない「父親の子育て」――現代日本における父親の男らしさと〈ケアとしての〉子育て』晃洋書房。

横田祐美子（2022）「結婚式のデモクラシー――限りあるなかでの平等を求めて」植村恒一郎・横田祐美子・深海菊絵・岡野八代・志田哲之・阪井裕一郎・久保田裕之『結婚の自由――「最小結婚」から考える』白澤社。

6 「結婚でないもの」とは何か

池田弘乃

I　結婚の本義を説かず

1 「結婚とは何か」からではなく

本稿では、「結婚とは何か」という問いではなく、「結婚でないものとは何か」という問いについて少々考えてみたい。もちろん、おそらく世の中のほとんどのものは「結婚でない」ので、この問いはそのままではほとんど意味をなさない。ここで前提としているのは、結婚[1]とは何らかの関係についての呼び名であるということである。

とすると、「結婚に該当しない関係」とは何であるかを考えてみるのが本稿の主題であると言い換えることができる。それでもなおこの主題はあまり意味をなさないかもしれない。このような形で結婚を考えようとするのはなぜなのか。ここで念頭に置かれているのは次のような状況である。すなわち、結婚と法制度とのかかわりについて、ときに「結婚とはこれこれのものである」「ゆえに」「これこれであるべきだ」という議論がなされることが多いということである。しかし、本稿ではそうでない形で結婚について考えてみたい。

議論の糸口として、まさに現在進行中である同性カップルの結婚に関する違憲訴訟を参照してみよう。現在まで複数の地裁判決が下されており、その行方は予断を許さないが、いずれの判決においても、裁判所は結婚の本質ないし結婚を成り立たせるものについて詳しく言及している。

2　裁判所の言葉から

■「婚姻の本質」!?

法律上の性別が同じである者同士での婚姻を認めていない日本の民法及び戸籍法の規定は憲法一三条、一四条一項、二四条に違反するとして国家賠償を求める訴訟が全国で展開されている。[(2)] そのうちのいくつかではすでに第一審判決が下されている。それらの中では結婚の本質についてどのような言及がなされているかを少し見てみよう。

札幌地裁判決（札幌地方裁判所令和三〔二〇二一〕年三月一七日判決、判例時報二四八七号三頁）は、現状を憲法一四条一項違反と判断したものだが、その中に次のような一節がある。

> また、婚姻の本質は、両性が永続的な精神的及び肉体的結合を目的として真摯な意思をもって共同生活を営むことにあると解される（最高裁昭和六一年(オ)第二六〇号同六二年九月二日大法廷判決・民集四一巻六号一四二三頁参照）。これらのことからすれば、同性愛者が、性的指向と合致しない異性との間で婚姻することができるとしても、そのような婚姻が、当該同性愛者にとって婚姻の本質を伴ったものにはならない場合が多いと考えられ、そのような婚姻は、憲法二四条や本件規定が予定している婚姻であるとは解し難い。（判例時報二四八七号一一頁）……同性愛者であっても、その性的指向と合致する同性との間で、婚姻している異性同士と同様、婚姻の本質を伴った共同生活を営むことができると解される。（同上一三頁）

この引用は「結婚の本質は、両性が……」という風に始まってはいるが、行論全体からすれば、当事者同士が一定の目的の下に真摯な意思をもって営む「共同生活」を結婚の本質と見ており、だからこそ、同性同士でもその本質を伴うことは可能であると述べていると理解できる。

なお、札幌地裁判決が引用する最高裁大法廷の昭和六二年判決は、いわゆる「踏んだり蹴たり」判決（最高裁判所第三小法廷昭和二七（一九五二）・二・一九判決、民集六巻二号一一〇頁）以来の判例（有責配偶者からの離婚請求は認められない）を変更し、有責配偶者からの離婚請求であっても認められる場合がある旨を判示したものである。最高裁はこの昭和六二年判決で、「婚姻の本質は、両性が永続的な精神的及び肉体的結合を目的として真摯な意思をもって共同生活を営むことにある」といい、だからこそ「共同生活の実体」を欠きその回復の見込みが全くない場合に、「戸籍上だけの婚姻を存続させることは、かえつて不自然である」といっている。

大阪地裁判決（大阪地方裁判所令和四〔二〇二二〕年六月二〇日判決、判例時報二五三七号四〇頁）は、現状を合憲と判断したが、憲法二四条一項でいう婚姻は異性婚であると判断した上で、それにもかかわらず、同条が同性間の婚姻を積極的に禁止はしていないことも書き添えている。その際、結婚の本質について以下のように言及する。

婚姻の本質は、永続的な精神的及び肉体的結合を目的として公的承認を得て共同生活を営むことにあり、誰と婚姻をするかの選択は正に個人の自己実現そのものであることからすると、同性愛と異性愛が単なる性的指向の違いに過ぎないことが医学的にも明らかになっている現在（認定事実(1)）、同性愛者にも異性愛者と同様の婚姻又はこれに準ずる制度を認めることは、憲法の普遍的価値である個人の尊厳や多様な人々の共生の理念に沿うものでこそあれ、これに抵触するものでないということができる。（判例時報二五三七号五〇頁）

こちらは、昭和六二年最高裁判決や札幌地裁判決の表現に加えて「公的承認を得て」の共同生活という言い方をしている。

東京地裁判決（東京地方裁判所令和四〔二〇二二〕年一一月三〇日判決、判例時報二五四七号四五頁）[3]は、現状が憲法二四条二項に違反する状態にあるものの、違憲と断じることはできないという微妙なスタンスをとっている。この判決はこういっている。

……婚姻の本質は、当事者が永続的な精神的及び肉体的結合を目的として真摯な意思をもって共同生活を営むことにあると解されるところ、このような目的、意思をもって共同生活を営むこと自体は同性カップルにも等しく当てはまるものであるし、その性的指向にかかわらず、個人の人格的生存において重要なものであると認められる。(判例時報二五四七号六三頁)

やはりここでも判決文は、一定の目的の下に真摯な意思をもって営む共同生活に着目しているが、それを営む主体について「当事者」という性別中立的な言い方が意識されている。

名古屋地裁判決(名古屋地方裁判所令和五〔二〇二三〕年五月三〇日判決、平三一(ワ)五九七号、裁判所ウェブサイト)は、現状が憲法二四条二項及び一四条一項に違反すると判断した。[4] この判決は、「法律婚制度を利用するについての自由が十分尊重に値するものとされるべき所以」に触れて、以下のように述べている。

〔上記の所以は〕婚姻の本質が、両当事者において永続的な精神的及び肉体的結合を目的として真摯な意思をもって共同生活を営むことにあり、法律婚制度が、この本質に重要な価値を認め、これを具体化し実現し保護しようとしたことにあるためであると解される。そして、このような本質的な人間の営みは、法律婚制度が整えられる以前から歴史上自生的に生じたものと考えられる。したがって、法律婚制度を利用するについての自由が十分尊重に値するとされる背景にある価値は、人の尊厳に由来するものということができ、重要な人格的利益であるということができる。

そこでは、法律婚制度の利用に関わる利益が、「人の尊厳[5]」と結び付けられている。そして、カップルの関係が国の制度により公証され、保護のための一定の効果を付与される枠組みについて、それが利用可能であるという価値は、「単に法律によって付与された価値というにとどまらず、人の尊厳に由来する重要な人格的利益を基礎としている」ともいう。このような評価は、同性カップルに「枠組みすら与えていない」現状は憲法違反だという判断につながっていく。

最後に、現状を憲法二四条二項に違反する状態にあると判断した福岡地裁判決をみてみよう（福岡地方裁判所令和五〔二〇二三〕年六月八日判決、令元(ワ)二八二七号、裁判所ウェブサイト）。

婚姻の本質は、両当事者が永続的な精神的及び肉体的結合を目的として真摯な意思をもって共同生活を営むことにあるところ（最高裁判所昭和六一年（オ）第二六〇号同六二年九月二日大法廷判決・民集四一巻六号一四二三頁参照）……

このように福岡判決は、前記札幌地裁判決と同じく最高裁昭和六二年判決に依拠しつつ、婚姻の主体を「両性」ではなく「両当事者」としている。

〔池田　弘乃〕

■「婚姻の本質」から離れて

以上の各判決の引用からは、婚姻の本質について、真摯で永続的な共同生活とそれに対する公証という面を重視すれば、異性カップルと同性カップルを区別することには合理性がない（少なくとも、同性カップルに利用可能な枠組みが一切ないことには合理性がない）という判断に傾くことになることがうかがえる。これに対して、やはり各判決がしばしば言及している「男女が生涯続く安定した関係の下で、子を産み育てながら家族として共同生活を送り次世代に承継していく関係」としての婚姻（前掲大阪地判）、「男女が共同生活を送りながら、子を産み育て、次世代に承継していく営みにおいて、重要かつ不可欠な役割を果たして」きた婚姻（前掲名古屋地判）という面を重視すれば、同性カップルを別異に扱うことにも一定の合理性があるという判断につながりやすいようだ。[6]

ある制度について、異性間と同性間とで取り扱いが異なることは正当化できるかどうか（その前提として、取り扱いが異なると捉えることができるかどうか）を考える際に、その制度について一定の本質を取り出してみることは、たしかに一つの接近方法であるだろう。人格権、人格的利益や差別の有無が問題となる訴訟の場では、現状についてその本質なり性質を把握しないことには議論は始まらない面もあろう。しかし、そのような本質の把握や設定から始まる議論だけが、結婚の論じ方ではない。そして、これからの結婚に法がどうかかわるべきなのかを構想していく際には、本質にかかずらうことなく考えることにも大きな意義があるだろう。結婚とは何かを問うのではなく、まず世の中に行われている結婚や結婚のようなものを謙虚に見据えるところから始めるやり方である。

〔池田　弘乃〕

Ⅱ　あれも結婚、これも結婚

1　結婚の変形と変質

かつて家族社会学者の森岡清美は、家族変形（family transformation）と家族変質（family transmutation）を区別した。森岡は広義の家族変動（family change）を、家族変形（世帯規模等の形態の変化）と家族変質（家族に関わる規範や理念の変化）に分け、後者を「真の家族変動」と捉えることを提唱している。家族の成員（各人の間柄、年齢、人数等）、装置（生活構造の物的要素。住居、財産、自営業用設備等）、規範という3つの要素のうち、規範における変化を最も基礎的なものとみる発想がここにはある［森岡 1973: 329-339］。

この論考から五〇年を経て、日本においてもそれ以外の地においても、家族変形がさらに進んでいる一方で、家族変質（とりわけ結婚の変質）は果たしてどの程度起きているのだろうか。[7] そして今後の変質についてどのように展望すればよいだろうか。

「結婚に色々な形があってよい」という意識は、かなり広がっているだろうか。しかし、だからこそ、そこで言われている「結婚」が何であり、何のための仕組みなのかは、とらえどころのないものになっているようにもみえる。

この点で、哲学者のダニエル・ノーランが、歴史学や人類学に学びつつ、人類が実に様々なものを「結婚」と呼んできたことに注意を促していることは注目に値する。例えば、死者との結婚、神々との結婚、植物との結婚（ヒンドゥの樹木婚）、物との結婚（漁網との結婚）等々である［Nolan 2022］（以下、同論考からの引用は頁数のみで行う）。ここに、sologamy（自分との結婚）を付け加えてみてもよいかもしれない。「あれも結婚、これも結婚」といった状況を前に、ノーランは果たして西洋においてすら「結婚の本質」と言えるようなものはあったのだろうかと問いを発する。

2 結婚の境界を探る

■結婚のバラエティ

ノーランは、人類学者や歴史学者たち（以下、簡略化のため「専門家」と表記しよう）が、西洋現代の結婚パラダイムにとらわれずに、研究対象の文化や社会、歴史的資料における様々な関係を「結婚」として認識してきたことについて、彼らの熟慮に基づく判断を真剣に受け取ることを提唱する。その提案は、「専門家の証言を額面通りに受け取り、結婚は私たちが当初に思っていたようなものよりも多くの形態をとりうると考える」(p. 2) というものである。もちろん、真剣に額面通りに受け取るといっても、反証（そこで結婚とされたものが、実は結婚ではないという判断）が一切許されないものとして扱う訳ではない。専門家であっても間違うことはもちろんある。だとしても、性急に結婚についての一般理論を立ち上げる前に、まずは専門家のいうことに耳を傾けてみようというのだ。

このような態度は、専門家をあまりにも軽々しく信じるものだと非難されるかもしれない。また、専門家が「結婚」という言葉を使っていたとしても、それは単なる類推かもしれないし、ジャーゴン（仲間内以外には通じにくい専門用語）として使っているだけなのかもしれない。そのような非難に対しノーランは、他の文化や異なる時代について語るとき、親や王、（何かへの）従事者といった言葉が使われていても、特に「類推」や「ジャーゴン」だとは言われないのに、結婚についてだけそのような非難が寄せられることにはあまり根拠がないはずだと反論する (p. 22)。ノーランは専門家の言葉を額面通り受け取ることで、結婚というものが極めて変化に富んでいること (extraordinarily rich variety) (p. 23) にまずは直面してみようというのである。これはかなり魅力的なアプローチのように思われる。

ノーランは、専門家たちの文献から実に様々な結婚を引き合いに出している。一夫多妻、一妻多夫等々の複婚[8]、同性婚[9]、時限婚（temporary marriage）、近親婚。それらの中には、西洋内部からの例も含まれている。例えば、「何ら儀式の必要のない結婚」として英国でのcommon law marriageが挙げられている。「将来結婚する約束の下に性交渉を行うことで成立する結婚」（marriage per verba de future subsequente copula）は、スコットランドで一九四〇年まで有効だったという。複婚の多様な実践についても、ニューヨークのオナイダ・コミュニティへの言及がある[10]。西欧においてしばしば婚姻に不可欠のものとされる「床入り」（consummation）についても、英国やアメリカ合衆国においてすら、それらは単に婚姻の取消原因となるだけで、ノーランに言わせれば、取消されない限りは床入りのない結婚も「結婚である」。

結婚の中には、一人の人が他の一人と番う形以外（複数の対に属したり、3人以上の関係に属したり）の結婚もあり、その相手は異性とは限らず、期間を限定することもあれば、性交渉が必須とも限らないという訳である。

■人間以外との結婚

現代西洋（おそらく日本でも）の観点からはおそらく強く忌避されるような結婚の形につ

いても、ノーランは言及する。様々な形での強制的な結婚はその一つである。本人以外の親族が同意を与えるもの、そもそも同意が不存在の誘拐による結婚などだが、子どもとの結婚も、本人が有効な同意を与え得ないであろうものとしてここに含まれる。アメリカ合衆国では子どもとの結婚が、法的に可能な場合も少なくない［Norris 2023］。ニューハンプシャー州では二〇一八年まで女は一三歳以上であれば結婚できたし、マサチューセッツ州では二〇二二年七月まで未成年との婚姻が可能だった。[11] 近親婚もそれが様々な時代、文化で行われてきたことが紹介される。

さらに、ノーランは現代西洋の人々になじみ深い形態をはるかに超える結婚にも触れている。死者との結婚、神々との結婚、人間でないものとの結婚などである。死者との結婚としては、南スーダンのヌアー（Nuer）族の事例があげられるが、そればかりではなく、現代フランスにおける死者との結婚式挙行を可能とする規定（フランス民法一七一条）も取り上げられている。[12] また中華圏における冥婚（ghost marriage）のように、両当事者が死者である結婚にも触れられている。[13] 神々との結婚については、ある人間と結婚したことが神と結婚したことになるような事例[14]もあれば、文字通り神との結婚という事例もある（シュメールの神聖婚、ケニヤにおける川の蛇神との結婚）。インドにおけるデーヴァダーシー（devadasi）儀礼は、寺院や神格に女性をささげるものだが、実際は一種の売春となっていることもあるようである。[15]さらに樹木との結婚、海との結婚、漁網との結婚といった例が渉猟されているが、ここまでくると、結婚と呼んでよいのかは段々わからなくなってくるようにも思われる。しかしノーランは、これらが広く結婚とよばれていること、そしてそこで行われる儀式が、（もっとなじみ深い）結婚式の儀礼とよく似ていることに注意を促している。

ただし、「ベルリンの壁との結婚、アニメキャラとの結婚、自分自身との結婚（sologamy）」といったものについて、ノーランは、専門家たちによって広く結婚にカウントされているとはまだいえないとして、自身の論考における結婚のヴァラエティの中に加えることを留保している（p. 19, n. 16）。しかしながら、率直なところ、それらのものが結婚のヴァラエティに付け加わることにあまり問題はないように思われる。むしろ、結婚という言葉が用いられているときに、比喩的用法であるとの速断は避け、額面通りに受け取ることの意義はこの場面でもなお通用するだろう。いずれにせよ、ノーラン自身は、ここまでに眺めてきたさまざまな結婚が単に「象徴的な意味」でのみ結婚と呼ばれているのに過ぎないといった見方には与さない。

もちろん、ノーランは、これらの結婚のヴァラエティの一つ一つについて、どのような態度をとるべきなのかはまた別の問題であることを強調している（p. 6）。結婚のヴァラエティについての専門家の記述をまずは額面通りに受け取ること、それは結婚に関する法制度のあり方を考察する重要な材料だが、そのあり方に直接答えるものではない。「Aは結婚である／Aという結婚の形がある」ということは、そのAが処世上賢明なものかどうか、法的に許容されるものか、道徳的に許されるものかといった問いとは別の問題なのである。

3　額面通りに受け取ることの規範的な含意

では、これらの様々な結婚に対しては、それらが結婚であるということについてどのような理論的な見通しを与えることができるのだろうか。そこには「家族的類似」しかなく、諸結婚の文化横断的な比較は、文脈毎の特定的なものになるほかないというアプローチもありうるが、それ以外の選択肢もありうるとノーランは指摘する（pp. 25-29）。以下、①〜③としてその説くところにふれてみよう。

■結婚への理論的見通し

例えば、①その社会が法的な承認を与えているもの、あるいは社会的な承認を与えているものに着目する見方がありうる。実証主義的な捉え方とでもいえようか。もう一度、同性婚訴訟の判決文から素材を借りてこよう。前掲の東京地裁判決は、婚姻について、「その時代の社会通念に従って婚姻とみられるような関係、いわば社会的な承認を受けた人的結合関係」と解されてきたことに言及している。興味深いことに、この種の社会通念への着目は民法学の中にも（少なくともかつては）広く見られてきたもののように思われる。例えば、婚姻意思についての中川善之助の記述を一例として挙げておこう。

> 何が婚姻意思であるかはその社会の習俗が決定する。即ちその社会の通念において婚姻と見られる生活共同体を形成しようとする意思であるといえよう。この意味からして同性婚の如きは婚姻ではなく、これに向けられた意思も婚姻意思とはいえない。［中川 1965: 196］

このような見方からは通念の変化次第では「同性婚の如き」に向けられた意思も婚姻意思であるということになるであろう。[16]

あるいは、②何らかの機能を果たしているかどうかに着目する見方もある。その機能とは親族関係の定式化、子への嫡出性の付与、（結婚関係にある者に対する）外からの性的アクセスの制限といったものである。この機能という点については、同性婚訴訟の大阪地裁判決から関連する表現を抜き書きしてみよう。そこでは現行法の規定を、「男女が生涯続く安定した関係の下で、子を産み育てながら家族として共同生活を送り次世代に承継していく関係として捉え、このような男女が共同生活を営み子を養育するという関係に、社会の自然かつ基礎的な集団単位としての識別、公示の機能を持たせ、法的保護を与えようとする趣旨」（判例時報二五三七号五二頁）として捉える見方が示されている。[17]

さらに、③因果－歴史的なつながりに着目する見方もできるかもしれない。ある結婚の祖型が存在するとき、そこから派生したものであることがたどれるなら、それらも結婚であるという捉え方である。

ただし、これらのどの見方をとっても、先ほど見てきたような結婚のヴァラエティについて、どれかにはあてはまり、どれかには当たらないといったように過不足があるだろう。また、①については、異人種間結婚が禁止されていた（社会的承認もまだ存在するとはいえなかった）時代の合衆国で、それを結婚ではないとみることになったり、②については人が実に様々な用途で結婚を利用している現実と折り合いが悪かったりするなどの難点をノーランは指摘する[18]（pp. 26–29）。それぞれの見方からは一定の結婚像が形を結ぶことになるが、それらの理論的見通しを先行させて一定の関係を結婚から除外するような考え方ではなく、様々な結婚のヴァラエティに関するデータを性急に投げ捨てないように考えていくことの重要性をノーランは説いていると理解できるだろう。

■保護されるべき関係とは？

先述の通り、ノーランは、ある関係が結婚の外延に含まれるとしても、そのこと自体でその関係が法的に保護されるべきものとなる訳ではないと考える。むしろ結婚であろうとも、積極的に禁圧すべき形態すらあるのかもしれない。児童の性的搾取や暴力を含むものの他、人間以外との結婚、近親間、ポリガミーについて、ノーランは禁止候補として言及している[Nolan 2016: 183]。

このようなアプローチがもつ一つの重要なメッセージは、国家が国家によって承認される関係の範囲や内容について変更を加えたとしても、それは「結婚の再定義」の問題ではない、ということである。例えば、同性婚反対論者は「同性婚は丸い四角のようなもので不可能だ」というような言い方をすることがあるが、これは単なる論点先取ということになる。

同性婚は「真正の結婚」ではないといったような「結婚の本質」を持ち出す議論[19]は、実際に生じている結婚の多様性を見るならあたらない。同性婚は、結婚それ自体の「修正」などでは全くないということになる[20]。

本節の最後に、ノーランは自身の議論が法政策に対してどのような含意をもつと考えているかをまとめてみよう［Nolan 2022: 32-33］。その含意は第一に、結婚に関する法制度は、多数派とは異なる文化的背景をもつ人々を不公正に扱うことのないよう注意すべきである、ということである。ただし、このことは、すべての結婚を認めて同等の便宜を与えよという意味ではない。第二に、立法者は、結婚に付与されている便益を与える対象を拡張するとき、「結婚を再定義」しているかどうか不安に思う必要はない、ということである。

私たちは、何が結婚なのかとか、結婚の本質は何なのかといった議論にかかずらう必要はあまりないのかもしれない。結婚であるか否かに関係なく、端的に、ある関係に法的保護を与えるべきかを考えるという仕方で十分なのではないか。結婚を中心に据え、それとの距離の如何によってあるべき法的規律を考えるようなやり方は、むしろ法が関わるべき事項は何なのかに関しての考察を妨げる危険があるのではないか。とすると、結婚と法の関わりについて、結婚から離れて考えてみるやり方には十分探索の価値があるように思われてくるのである。

Ⅲ 結婚から離れて

1 結婚から離れるもう一つの道

■結婚でない仕組み

結婚とは何かという問いから離れて、結婚への法の関わり方を考えようというアプローチに加えて、「結婚でない」仕組みを積極的に創設することの意義を考えてみたい。こちらもやはり、ある関係が結婚かどうかという問いにはこだわらない。結婚の未来について、いわば2つの意味で結婚からは離れて考えていくことの可能性を探ってみたいのである。

同性同士の結婚等を承認する改革提案に対して、一部の（宗教的な背景をもった）保守派から「それを決して結婚と呼ぶべきでない！」という論難が寄せられることがある［Brake 2012: 188=2019: 314］。先述の定義に訴える同性婚反対論と同型である。この論難は、意外に含蓄のあるものかもしれない。

保守派からの「それを決して結婚と呼ぶべきでない！」という論難の前提にあるのは「優れた本質をもつはずの結婚を、同性間に認めてしまったらその本質が損なわれてしまう」といった発想であろう。しかし、結婚は今も昔も多様であり、制度としての現行の婚姻にもし諸々の看過しがたい不具合があるのなら、「結婚ではない」仕組みを模索することには大きな意義がある。むしろ「結婚と呼ぶべきでない」仕組みを積極的に探求してよいのかもしれないのだ。

結婚のうちあるものを法的に保護するという仕組みについては、①現状を基本的に前提としつつ、そこへの参入者を増やすのか、それとも、②現状の内容をより希薄なものにし、特権性を相対化するのか、あるいは、③相対化を徹底して、仕組みの廃止まで至るのか、そしてこれらとは逆方向に、④特権性（？）をより強化する（例えば、「子を産み育てる」目的のみのものへと煮詰める）といった様々な未来像がありうるだろう。筆者はかつて、制度としての婚姻について、少なくともカップル間の関係については契約として考えていくアプローチに賛同する姿勢を示した。と同時に、その規律について、社会として一定の公序を形成していく必要についても言及した［池田 2022: 特に第七章］。

この点に関して、法学者ロビン・ウェストは、結婚が民主的立法の対象、政治的選択の対

〔池田　弘乃〕

象となってきたことの重要性を指摘している。結婚が、何らかの自然や本質に基づく議論から導かれるのではなく、討議の結果として選択されるものとなってきたことには大きな意義がある［West 2007: 197–199］。ウェストによれば「民事上の婚姻は、私的で親密なやりとりを規律するルールを、法及び民主的プロセスによって評価したり再評価したりすることを可能にするために各州が用いるレンズなのである」［West 2007: 203］。ウェスト自身は、法律婚制度の他にシヴィル・ユニオン（civil union）の制度を併存させ、長期的にそちらへと人々を誘導していく道について論じている［West 2007: 205–211］。

■現行の結婚は一級品か

結婚自体と（第一級の）市民たる地位とを結びつける前提を採用しないならば、私たちはある関係への法的保護について、それを積極的に結婚と呼ばない道を探ってみてもよい。ある制度がすぐれた制度であるからこそ「それを結婚と呼ぶべきでない」ということがありうるだろう。

もちろん、結婚という名前から離れることの意義を評価するにあたっては、非常に興味深い結婚の再定位の提案である「最小結婚」について、提唱者であるブレイク自身がそれをあ

〔池田　弘乃〕

えて「結婚」と名付けていることを無視できない。「用語こそが重要なのだ」と述べるブレイクは、「「結婚」の適用範囲を拡張することは、過去の性愛規範的で異性愛主義的な差別を是正するための一つの方法なのだ」という〔Brake 2012: 186=2019: 309-310〕。用語が重要であるということのような姿勢も無視できないが、用語にこだわることにも落とし穴があるだろう。

同性カップルについて、異性カップルの結婚と異なる制度を設けてしまうと「二級市民扱いになる」と言われることがある。そうなのかもしれない。しかし、現行の結婚が「一級」と呼べるようなものなのかは、もう少し立ち入って吟味してみてよいはずであろう。そして必ずしも優れた制度とはいえないのならば、それを優れたものにするという選択肢以外にも、結婚とは別の仕組みを創設し、それが誰にでも開かれたものとして用意される選択肢も重要なものなのではないだろうか。もちろんこれは、法的に保護された結婚がより多くの関係に開かれることと両立しない訳ではない。より開かれた結婚は、より多くの人々が選択する仕組みになるかもしれない。そして法的に保護された結婚を利用して生きることは事実上の（de facto）スタンダードではあり続けるのかもしれない。

そうだとしても、「法的に保護された結婚」でない仕組みが存分に保障されることの意義は減殺されない。「二級市民扱い」云々は、批判として的を射ているとは思われない。そのことを議論するためにも、あくまで結婚は便宜の産物だということを強調していく作業が重要なものとなるだろう。そして、今、結婚と呼ばれているものは、徹頭徹尾、人為的な作出物だということをあらためて強調していくべきである。結婚以外の仕組みを作ったら、それが二級化されるという想定はそれほど確かなものではない。むしろ、あくまで結婚を1つの制度として（唯一の！仕組み）として奉ろうとする姿勢こそが、結婚を「一級品」として通用させ続けてしまうのだろう。

2 結婚の有終の美を済さず

結婚と法の関わりの今後について、「結婚とは何か」という問いから離れて考えてみること、そして「法的に保護された結婚」という仕組みから離れて別の仕組みを構想してみることについて、全くぼんやりとした道行きではあったが、ここまで考えてきた。第一に、結婚かどうかという線引きに依存しない形で、直接的に法が保護すべき関係を考えること。第二に、結婚とは別の仕組みを創設し、人々に選択肢を増やすこと。この二つの意味で、結婚と法という形で考えられてきた問題群について、結婚から離れて考えていく可能性は検討に値しないだろうか。
色んな結婚がある（色んなものが結婚に分類されてきた）ということを確認して一体どうしようというのかと苛立つ読者も多いかもしれない。所詮それらは好事家の興味を引くだけのものなのだろうか。しかし、結婚という言葉を持ち出すだけで、あるいは、結婚の本質なるものを引き合いに出すことだけでは、有益な議論にはならないということを確認することには、非常に小さなものとはいえ一定の意義があるだろう。

〔池田　弘乃〕

■司法と立法の協働

特に、結婚の未来について、現行法とその解釈の中で考えていく筋道ではなく、立法（法制定、法改正）の場で考えていく筋道にとって、直接、法は何をどのように保護すればよいのかを考えるべきなのだという視点をもう一度確認しておくことは有益であろう。司法・訴訟と立法による変化の経路はもちろん双方とも追求に値する。しかし、二つの意味で結婚から離れて考えようという提案にとっては、立法府の現実がいかに心もとないものにみえたとしても、立法に期待し、立法のしんどさにつき合うことにより重点が置かれることになるだろう。それは言い換えれば、この問題を法曹や法学者ばかりに任せるのではなく、人々が市民として担うことの意義を考えることでもある（そこには法曹や法学者も、一人の市民として加わるであろう）。

結婚と法の未来を立法府に任せたら、ひどいことになるだろうか。ひどいことにならないセーフガードとして、結婚にまつわる人権の機能に注意を払わなければならないのはたしかである（例えば、自由権規約一七条の「私生活、家族」等の尊重、二三条二項の「婚姻をしかつ家族を形成する権利」[21]）。しかし、それは、立法府や市民による討議の役割を人権や人権保障に関わる紛争の判断者（裁判官）が肩代わりすることとは全く別である。

もちろん、立法（府）による変革と訴訟を通じた司法判断を経由する変革は排他的なものではない。また、前掲の同性婚訴訟においては、違憲判断を下した裁判所を含めて、司法判断の限界、その正統性について十分自覚的な議論がなされている。

この点で、同性婚訴訟の運動のあり方は、重要な示唆を与えてくれる。そこでは、違憲訴訟の弁護団それ自体と、婚姻の平等を求める市民運動団体とをあえて分けることで、訴訟と立法過程（や広く市民）への働きかけとを分業しつつ、効果的に婚姻平等という目標の達成を目指す構えが取られている［加藤2023: 105–106］。このような政策形成訴訟の新たな展開には大いに可能性がある。また、従来から議論されてきたように構造的な少数者にとって、立法過程や多数決による意思決定は重大な限界を抱えるという問題も無視できない。

■立法過程への期待

それでもなお立法過程に期待するのはなぜなのか[22]。そこには、少数者の直接的救済と同時に、多数派（が前提とするもの）に変容をつきつけたいという問題意識がある。結婚についていえば、問題は、既存の法制度に、誰かを新たに加えてあげるべきかどうかではないはずだ。既存の法制度自体を、さほど意識することなく現在それを利用している人々も含めて検討し、結婚や家族に関わる事柄について法は何を、なぜ規律すべきなのかを検討することこそ重要な問題である。

代表民主制や議会は、何らかの集合的決定を行い、法的な境界設定を行っている。そこは、多数派が何であるかを捉えるのに適した場所だともいえる。たとえ多数決を背景にした悪法であったとしても、境界が設定されることで批判対象が明確になることには、大きな意義がある［池田 2022: 第5章］。制定当初は無意味と非難されたり、無力だと思われていたりした立法が次第に実効化されていくこともない訳ではない。あるいは制定当初から重大な限界を抱えているとの強い指摘があった立法ですら、一度法律ができることによって、その後の変革の足掛かりとなるという事態をも思い合わせてみたい[23]。

無論、ここでは「立法」による改革といっても、議会・立法府（の表に現れた働き）だけでなく、水面下の交渉や官僚制とのやり取りも含めた広義の立法過程に着目して考えていった方がよいであろう。議会外の公共圏を軽視するわけではないが、議会と立法過程全体を通じて、問題の現状がその都度言葉に変換され、議論の対象物となること、そのようにして一歩、一歩、変容が行われていくことの価値に注目したい。

そして、矛盾と衝突を含んだ立法過程全体を見据えるとき、感情（やときには扇動さえ）も含むそこでの言葉のやり取りの意義を考えたい。しかも、そのなかで合意形成が曲がりなりにも行われるということをどう受け止めればよいか。呉越同舟、同床異夢もまれではないなかで、それにもかかわらず、立法の産物が、長い目で見ると世の中を動かしていくのではないかという見立てがこのような発想の背景にある。

民主的立法過程には様々な問題が投げかけられる。立法過程は、それを無視するかもしれないし、応答するかもしれない。その反応の様々なあり方が事前に予測しえない、開かれたものであることが大事であるように思われる。司法府がその入口において、流入する問題について（司法府からみたところの）適切な整序を求める部門であることと対比すれば、既存の語彙や語り方に沿うことだけが声の発し方ではない立法過程における問題提起と検討には独自の価値がある。もちろん、このような議論は、司法府を軽視したり、無視したりする訳ではないことはもう一度確認しておきたい。

〔池田　弘乃〕

（1） 本稿では、引用部分を除いて、婚姻ではなく結婚という言葉を使用するが、両者を特に区別していない。婚姻を法律婚の同義語として用いる用例もありうるが、そのような使い方をここではしない。なぜしないのかには、本稿自体の問題意識が反映されている。一言で言えば、保護されるべき人間関係としての「婚姻」を前提において、それとの比較で様々な人間関係についての規律のあり方を考えるような発想自体に距離をとってみたい、ということである。

（2） 弁護団の一人による論考として［加藤 2023］がある。

（3） この訴訟は、二〇二一年三月に提訴されたものと区別して「第一次」東京訴訟と呼ばれる。

（4） なお、前掲東京訴訟とこの名古屋訴訟において、憲法一三条違反の有無は判断されていない。

（5） 「個人の尊厳」ではなく「人の尊厳」という言葉が用いられていることをどう考えたらよいだろうか。尊厳に「個人」ではなく、「人」が冠せられている例としては「ヒトに関するクローン技術等の規制に関する法律」（平成一二年法律第一四六号）や「売春防止法」（昭和三一年法律第一一八号）が想起されるだけに気になるところである。

（6）名古屋地判は、婚姻にとって男女が子を産み育てるという側面が重要であることを踏まえたとしても、「憲法二四条二項は、婚姻のほか、「家族」についても、個人の尊厳と両性の本質的平等に立脚した立法の制定を要請している」として、同性カップルがおかれている現状が「家族」に関する事項として、憲法二四条二項違反の判断の対象となるとしている。「家族」は「多義的」だが、「親密な関係に基づき永続性をもった生活共同体」はそこに含まれるという判断がそこではなされている。

（7）家族社会学者の永田夏来は、森岡の対比を念頭に、現在の日本について「結婚が〈変形〉しているにもかかわらずその〈変質〉はほとんど見えてこない」点に注意を促し、「近代家族規範」の根強さに注意を促している［永田 2022: 82］。

（8）インドの一部の部族にみられる「子育ての責任を分かち合わない（実際にしないだけでなく期待すらされない）結婚」では、女性たちが一群の男性たちと結婚するが、子育ては母や母系の集団が担うという。もっとも、人類学者の中でもこれを「結婚」と呼ぶかどうかには争いがあるという［Nolan 2022: 11］。

（9）参考文献として［Eskridge 1993］が引かれ、それが決して現代の現象ではないことにも注意が促されている。ただし。そこで「同性間」とされているものについては、現代的にいえば一方当事者がトランスジェンダーである場合も含むだろう［Eskridge 1993: 1436］。
（10）オナイダ・コミュニティについては、例えば［倉塚 2015］参照。
（11）UNICEF USA, MASSACHUSETTS BECOMES 7TH STATE TO END CHILD MARRIAGE, August 04, 2022（https://www.unicefusa.org/stories/massachusetts-becomes-7th-state-end-child-marriage）
（12）日本法においても、（死者との結婚ではないが）死期の迫った者の婚姻について、それだけで婚姻を無効とするべきではないと考えられている。（最高裁判所第三小法廷昭和四五〔一九七〇〕年四月二一日判決、判例時報五九六号四三頁等）
（13）それらは、結婚しないで亡くなってしまった子に対して親が責務を果たすものとして位置づけられたり、兄が結婚しない限り弟が結婚できない慣行下で、弟の結婚を可能にするために行われたりするという。
（14）その一例として、ノーランは明治憲法下における天皇との結婚を挙げている。
（15）一九八八年までにインドでは禁止されたが、なおこの慣行が続いているところもあるようである。インドの国家人権委員会（National Human Rights Commission）は度々警鐘を鳴らしている。例えば、二〇二二年一〇月のものとして、NHRC notices to the Centre and State Governments of Karnataka, Kerala, Tamil Nadu, Andhra Pradesh, Telangana and

Maharashtra over continued menace of Devadasi system despite laws banning it; gives six weeks to respond（https://nhrc.nic.in/media/press-release/nhrc-notices-centre-and-state-governmegov-karnataka-kerala-tamil-nadu-andhra）

（16）そのような見方は、家族法が家族法として機能することの障害になっていないかについて、［池田 2017］で簡単に論じた。

（17）もちろん、子の養育機能、社会の基礎的集団単位の識別・公示の機能に着目しても、その保護を男女間のみに与えるという話にただちにつながることにはならない。東京地裁判決が、同性カップルを異性間の婚姻と同じ「婚姻」と捉えるべき社会通念や社会的承認が生じているかは慎重な検討が必要だと述べたあとで、「なお、この点は、女性の同性カップルであっても生殖補助医療を受けることなどにより出産することが可能であることや同性カップルが子を養育することが可能であることを否定するものではなく……」（判例時報二五四七号六一－六二頁）と述べていることを想起したい。

（18）③についても、離婚は結婚から派生するもの（結婚なくして、離婚なし）だが、離婚を結婚の一種というのはいかにも奇妙な感じがするとノーランは付言している。冗談なのか本気なのかはわからないが。

（19）その種の議論として例えば、［Girgis et al. 2010］がある。チェシャー・カルフーンは、同性婚の法制化に反対する人々がしばしば持ち出す「結婚とは定義上一人の男と一人の女との間で行われるものだ」というありふれた議論について、そのような定義に訴える議論はあまりに根拠薄弱なので理解に苦しむと述べている［Calhoun 1999: 217=2023: 243］。カルフーンはこれらの同性婚反対論が、ロマンティック・ラブという感情の文化的な構築とかかわりを持っていることを、二〇世紀のアメリカ社会を素材に論じている

(20) ノーランはこれに関連して、結婚を概念工学の対象とすることへの疑念も表明している。問題は「理想的な状態に達していない概念」ではなく、それをめぐる「誤った理論」ではないかと考えるからである。ノーランは、社会理論において、概念の変化や改善への要求は、その現象についての理論の変化への要求に置き換えられるべきと示唆する（p. 32）。

(21) 同条の文言が「婚姻をすることができる年齢の男女が婚姻をしかつ家族を形成する権利は、認められる」となっていることについては、「……女性の権利保護の趣旨で挿入された文言であり、男だけでなく女も、つまりすべての人（Xジェンダーも含む）に、婚姻し、家族を形成する権利（「男・男」、「女・女」等を含み、ジェンダーに関わらない）を保障したもの」という発展的解釈の可能性を指摘する［松田 2023］参照。

(22) 以下の論述は、一部［池田（近刊）］の趣旨と重複する。

(23) 例えば、性同一性障害特例法（平成一五年法律一一一号）に触れた拙稿でもこの点を強調

した。「「手術要件は合憲」は覆るか　性別変更巡る審判、最高裁大法廷で判断へ」」、時事ドットコム二〇二三年一月二四日（https://www.jiji.com/jc/v8?id=202301gender）。また「「性の多様性」理解増進法」という立法についても、小さくとも重要な第一歩と積極的に評価するものとして［池田 2023］。

〈引用文献〉

池田弘乃（2017）「クィア――クィアな視点は法学に何をもたらすか?」谷口洋幸他編『セクシュアリティと法――身体・社会・言説との交錯』法律文化社、一四四―一五四頁。

池田弘乃（2022）『ケアへの法哲学――フェミニズム法理論との対話』、ナカニシヤ出版。

池田弘乃（2023）「「性の多様性」理解増進法制定に寄せて――自他のよりよき相互理解のために」、『アイユ』三八七号、人権教育開発推進センター、一一―一二頁。

池田弘乃（近刊）「ケア基底的社会のための弁明――5つの論考への応答」。

加藤丈晴（2023）「「結婚の自由をすべての人に」訴訟と政策形成訴訟の新たな可能性」『法社会学』八九号一〇〇―一一〇頁。

倉塚平（2015）『ユートピアと性――オナイダ・コミュニティの複合婚実験』中公文庫。

中川善之助（1965）『新訂　親族法』青林書院新社。

〔池田　弘乃〕

永田夏来（2022）「若者の結婚言説にみる結婚観の〈変質〉と親密性の変容」二宮周平・風間孝編『家族の変容と法制度の再構築――ジェンダー／セクシュアリティ／子どもの視点から』法律文化社、七七―九四頁。

松田浩道（2023）「家族を形成する権利――国際人権法、法哲学及びクィア・スタディーズの視点から――」『法社会学』八九号一二一―一三一頁。

森岡清美（1973）『家族周期論』、培風館。

Brake, Elizabeth (2012) *Minimizing Marriage: Marriage, Morality, and the Law*, Oxford University Press（エリザベス・ブレイク『最小の結婚――結婚をめぐる法と道徳』久保田裕之監訳、白澤社、二〇一九年）。

Calhoun, Cheshire (1999) Making Up Emotional People: The Case of Romantic Love, in *The Passions of Law*, edited by Susan Bandes, New York University Press, pp. 217–240（スーザン・バンディズ編『法と感情の哲学』橋本祐子監訳、勁草書房、二〇二三年）。

Eskridge, William (1993) A History of Same-Sex Marriage, in *Virginia Law Review*, Vol. 79, No. 7, pp. 1419–1513.

Girgis, S. Geroge, R., and Anderson, R. (2010) What is Marriage?, in *Harvard Journal of Law and Public Policy*, vol. 34, pp. 245–287.

Nolan, Daniel（2016）Temporary Marriage, in *After Marriage: Rethinking Marital Relationships*, edited by Elizabeth Brake, Oxford University Press, pp. 180–203.
Nolan, Daniel（2022）Marriage and its Limits, in *Inquiry*, May 2022, pp. 1–36.
Norris, Ann（2023）It's Time to End Child Marriage in the United States, Council on Foreign Relations Web site (https://www.cfr.org/blog/its-time-end-child-marriage-united-states).
West, Robin（2007）*Marriage, Sexuality, and Gender*, Paradigm Publishers.

※本稿における引用ウェブサイトはいずれも二〇二四年二月二〇日最終アクセスである。

7　家族主義の再生産と宗教の協働
――クィア神学から「結婚」を考える

堀江　有里

Ⅰ　表出する同性愛嫌悪、イデオロギーとしての家族主義

イム・ボラ牧師が急逝した。二〇二三年二月四日のことである。進歩的と表現される教派のひとつである韓国基督教長老会に所属し、ソウルにあるソムドル・ヒャンリン（香隣）教会の牧師を務めていた。享年54歳。あまりにも早すぎるこの世でのいのちの終わりに周囲にはとてつもない動揺がひろがった。かのじょのいのちを縮減したのは同性愛嫌悪という現象である。同性愛嫌悪を根強く持ちつづけている人びとの言動である。差別は人を殺す――何度も何度もたどってきた言葉を思い起こしながら、わたしはソウルで行われた葬儀へと向

かった。

韓国では二〇〇七年に「包括的差別禁止法」が提案されて以降、そこに盛り込まれた表現「性的指向」や「家族の多様性」という項目の削除要求が一部のキリスト教を中心に巻き起こった。その後、韓国社会での同性愛嫌悪は激化する。イム・ボラ牧師は、同性愛嫌悪に直接的にさらされる当事者たちではなく、異性愛者であるからこそ取り組むべき自分自身の課題であると語ってきた。激化するキリスト教内部の同性愛嫌悪への抵抗のために「差別なき世界のためのキリスト教連帯」という団体を仲間たちと設立し、二〇一〇年には『神と出会った同性愛』(シュム・プロジェクト編、ハヌル出版、日本語訳未公刊)を出版。[1]そして、聖書註解書[2]の翻訳に従事した二〇一七年のころ、かのじょは自分が所属するのではない、他教派のいくつもの会派から「異端」として訴えられたのである。「異端審問」なんて中世の出来事かと思ってしまうが、いまも存在する。直接的にいのちを奪う処刑という方法ではなくとも、「異端」という、牧師としてふさわしくない、というレッテルが他教派の決議によって貼られていったのだ。まるで見せしめ行為のように。

ある追悼記事のなかにこんなエピソードが紹介されていた。「ソウル市学生人権条例[3]」(二〇一二年制定)をめぐる座り込みでの出来事である。参加していた一〇代の性的マイノリティたちの泣き声で溢れていた場所。そこへやってきたキリスト者の妨害者たち。かれらは互いに「兄弟姉妹」と呼びあいながらも座り込みをしている若者たちを押し退けていく。そして、そのキリスト者の妨害者たちは「汚れたから、早く手を洗ってきなさい」という言葉をなんの躊躇もなく吐いていた、という。「あの座り込みの場所で、わたしがこだわりつづけなければならないのは何かを悟った」とイム・ボラ牧師は述べたという[4]。仲間内では「愛」を語りながら、攻撃対象には「汚いもの」という断罪の言葉を吐くこと。もはや目の前の若者たちを人間存在としてすら認識できないほどにイデオロギーに洗脳されたキリスト者たち。尋常ではない状況を何度も目の当たりにしながら、イム・ボラ牧師は何に抵抗すべきかという課題を突きつけられたというのだ[5]。

同じく東アジアで初めて同性カップル[6]の婚姻を認めた台湾でも同性愛嫌悪はひろがっている。台湾では二〇一七年五月に司法院大法官（憲法裁判所）により、同性カップルの婚姻を認めないのは憲法が規定する婚姻の自由や平等権に違反するという判決が出された。この判決に基づいて、同性カップルの婚姻を認める必要が生じた。しかし、婚姻法そのものは改正されず、別立ての法律が制定されることとなった。婚姻法を改正できなかったのは強固な反対意見があったからである。

二〇一八年一一月に台湾で実施された国民投票（公民投票）では、二〇〇三年に発足した「下一代幸福聯盟（Coalition for the Happiness of our Next Generation）」という団体が、①小学生や中学生に性的マイノリティにかかわる人権教育をすべきではない、②婚姻は異性間に限定されるべきであり、同性カップルの法的保障は別立ての法律をつくるべきだと主張した。結果として、この国民投票はかれらの意見が多数票を獲得することとなったのである。このキャンペーンに大きく寄与したのもキリスト教勢力であった。

こうやって広がっていく同性愛嫌悪や同性カップルの法律婚を阻止する流れが根底に持っているのは「家族主義」というイデオロギーである。

東アジアの事例を紹介したが、ここで3つの問いを立てておく。

① 同性愛嫌悪と結婚がどのようにかかわるのか。
② 韓国や台湾で起こっていることは日本という場からみた場合、他人事なのだろうか。
③ 問題はキリスト教という宗教の内部にとどまるものなのだろうか。

本稿ではこれらの問いを明らかにしていきたい。

結論を簡単に先取りしておこう。まず、①については、同性愛嫌悪は表出しているもののそこで展開されている嫌悪者たち――差別主義の言動を振りまく人たち――の主張は〈父・母・子〉というユニットを「正しい家族」とするイデオロギーが基盤となっているということだ。そのため、たんに同性愛嫌悪ということだけではなく、あるべき「家族」のあり方、あるいは、あるべき「結婚」の定義が横たわっている。②については、韓国や台湾だけではなく、キリスト教言説が「家族主義」イデオロギーに援用されてきているケースが昨今日本でもみられるということだ。他人事として措定するのはあまりにナイーブすぎることを強調しておきたい。そして、③については、キリスト教人口が少ない日本においては他宗教との協働が起こり、家族主義というイデオロギーを拡散している人たちの存在があると同時に、日本独自の社会制度と宗教が存在するということだ。端的に言えば、婚姻制度がよってたつ戸籍制度というシステムとそれが支える天皇制である。にもかかわらず、結婚をめぐる議論のなかでも宗教は不可視である(7)。

このような現実を踏まえて、本稿では、これまで結婚をめぐってあまり議論されることのなかった宗教にかかわる問題をいくつか事例を取り上げながら批判的に検討していくこととしたい。

〔堀江　有里〕

Ⅱ　宗教右派と「家族」

1　米国のキリスト教における〈宗教右派〉

まずは、同性愛嫌悪を表出させてきたキリスト教の〈宗教右派〉がもつ家族主義について簡単に流れを追っておきたい。

米国の〈宗教右派〉は、一九六〇年代後半にアフリカン・アメリカンの公民権運動、反戦運動や学生運動、女性解放運動やゲイ解放運動が隆盛してきた際、社会の変化に危機感をもった白人保守層による政治集団の形成が端緒となった動きである。一九七〇年代終盤には「モラル・マジョリティ（Moral Majority）」や保守的なキリスト教団体が設立され、国家レベルでの論争が繰り広げられてきた。かれらは一九八〇年代にレーガン政権にて政治や経済、司法の活動を進めてきた。後のクリントン政権では、一時期、沈静化したものの、一九九〇年代にブッシュJr.政権の支持母体として勢力を拡大してきた。

米国の〈宗教右派〉は大きくわけると「福音派（evangelicals）」と「原理主義（fundamentalists）」から構成されるが、とくに後者は聖書に記されている内容を歴史や文脈を捨象して部分的に読み込む傾向にある。聖書に所収されている文書すべてをひとつの神が書いたものと解釈する、いわゆる「逐語霊感説」という聖書の読み方を主張する（栗林 2005: 52-54）。聖書という書物は、ユダヤ教から引き継いだ文書を含み、歴史的にも文化的にもかなり広範なスパンのなかで文字にされてきたものでもある。かつ、恣意的に「正典」が選択されてきた歴史もある。[8] このような歴史と経緯を踏まえると、聖書を首尾一貫した一冊の本として解釈するには無理がある。

かれら、〈宗教右派〉たちが中心的に取り組んできた課題は、人工妊娠中絶の禁止や、婚姻制度を同性カップルにも適用することへの反対などである。前者は〈生命尊重（pro-life）〉、後者は〈家族の価値（family values）〉尊重をそれぞれスローガンとして掲げ、活動をおこなってきた。かれらの人工妊娠中絶に対する禁止の運動については、レイプや知識の欠如など意図せぬ妊娠によって女性身体が脆弱性に置かれていることが考慮されていないと批判されてきてもいる。また、かれらは、婚姻を男女の結びつきに限定されたものと解釈し、〈父・母・子〉のユニットを「正しい家族」として擁護すべきとする。注意すべきは、この「正しい家族」という主張が同性カップルで構成される家族だけではなく、シングル・ペアレントの家族や、子のない夫婦も、結果的に排除対象としている点である[9]。

とはいえ、〈宗教右派〉は特殊な例であるとはいえない。というのも、カトリックや主流派のプロテスタント教会においても上記のような「正しい家族」という主張はなされてきたからである。一九九〇年代は米国でも女性や性的マイノリティの人権に対するバックラッシュが大きく広がった時代でもあった。一九九六年には、ビル・クリントンらが所属する全米最大のプロテスタント教派である南部バプテスト連盟が「女性は男性に従うべきである」という勧告決議をおこなっている（栗林 2018: 10）。すなわち、〈宗教右派〉と〝一般的なキリスト教〟なるものは明確な境界線をもっているわけではなく、なだらかなグラデーションのなかで活動をつづけてきたといえる。

とくに〈宗教右派〉が抵抗してきた「婚姻平等」――同性カップルにも異性カップルと同様に婚姻制度を適用すること――については、二〇一五年六月に米国連邦最高裁が婚姻制度を異性間に限定する州を違憲とした前後から状況は変化してきた。「婚姻平等」が人権として認識されるに従い、婚姻制度を異性カップルに限定する〈家族の価値〉尊重を掲げて同性カップルの婚姻に反対してきたかれらは国内での〝居場所〟が大幅に減り、アジアやアフリカへと進出するようになった。かれらは他国へと資金と人材をもって進出していくのである。これはあらたな植民地主義の手法であるといえるだろう。

2　日本のキリスト教の〈宗教右派〉の動き

二〇二二年六月、神道政治連盟（以下、神政連）国会議員懇談会で「夫婦別姓　同性婚パートナーシップ　LGBT ── 家族と社会に関わる諸問題」という冊子が配布された[10]。神政連は後にみるように全国の神社を統括する神社本庁の関係団体である。神政連には二〇二二年七月時点で自民党を中心に国会議員二六三名が所属していた。保守系団体「日本会議」国会議員懇談会とも重複して所属する議員も多く、歴代政権では安倍内閣の閣僚二〇人中一九人、菅内閣二〇人中一八人、岸田内閣二〇人中一七人が所属するという状態であった[11]。

配布された冊子には、二月に実施された講演の記録「同性愛と同性婚の真相を知る」が掲載されていた[12]。講演者はキリスト教の牧師、楊尚眞（やんさんじん）（弘前学院大学教員＝当時）である[13]。この講演録は、同性愛を「後天的な依存症」であるとし、「原因」を家庭環境や親子関係に措定するなど、かなり雑な性的マイノリティへの無理解と誹謗中傷が展開されている。また、

「転向治療（コンバージョン・セラピー）[14]」と呼ばれる、同性愛を異性愛へと「矯正」することを目的とした心理的な介入行為[14]を肯定し、さまざまな情報を都合よく引用し、科学的・医学的にも根拠を欠いた問題を多く含んでいる[15]。

日本はキリスト教人口が1％と少なく、さして社会への影響はないようにみえる。そのためか、これまでキリスト教の〈宗教右派〉の動きが大きく目立つことはなかった。しかしながら、昨今、〈宗教右派〉の流れが顕在化するようになってきた。上記の出来事の翌月（二〇二二年七月）、もうひとつの〈宗教右派〉の動きが問題化された。「性の聖書的理解ネットワーク（Network for Biblical Understanding of Sexuality/NBUS）」の発足である。かれらは米国の保守系キリスト教の指導者たちが連名した「ナッシュビル宣言」の邦訳と署名活動を開始した。これも名称としては使っていないものの「転向療法」を肯定する内容である。

このような動きに対し、キリスト教の内部で活動してきた人びとがＳＮＳでのつながりを中心として、すぐに「ＮＢＵＳを憂慮するキリスト者連絡会」を立ち上げ、ネット署名などの取り組みが進められた[16]。ＮＢＵＳが二カ月間で四八七人の賛同人を集めたのに対し、この動きを憂慮し、反対する側の署名活動には一か月弱で一万八、〇〇〇筆が集まった。日本のキリスト教人口は少なく、社会への影響はさして大きくはないと先に述べたが、他宗教と比較して、このように差別が起こったときに何らかの行動を起こすネットワークが存在していることは特筆すべきなのかもしれない。かといって、差別言説が減退するわけでもなく、ましてや、なくなるわけではない。しかし、差別言説が広がる先で自己肯定できない孤立した性的マイノリティ当事者たちに声を届けること、連帯の思いを寄せていくことは重要な活動のモチベーションである。そのため、迅速に動いた人びとがいたのだということを、やはり、明記しておきたいのだ。

さて、このように顕在化してきた日本におけるキリスト教の〈宗教右派〉の動きは、何をめざしているのだろうか。現在、日本政府が進める家族主義国家の形成と、異なる宗教のあいだに生じている〈宗教右派〉の協働という観点から次節にて考えてみたい。

Ⅲ　家族主義を結集軸とする宗教協働

1　神道政治連盟の国家観

なぜ、神政連はキリスト教の牧師を呼んで講演会を実施したのか。なぜ、キリスト教の牧師である楊尚眞は異なる宗教の場に出かけていったのか。理由は簡単だ。言うまでもないことだが両者の利害が一致していたからである。神道には系統立った教義がないため、家族主義を宗教的な言説で強調することができない。他方で、先述したようにキリスト教は数の上ではマイノリティであり、〈宗教右派〉の勢力を拡大することは日本では難しい。このような両者が協働して、利益を生み出すことが可能となったのである。

では、神政連はどのような活動を行なっているのであろうか。公式サイトによると、神政連は一九六九年に設立され、以下の七点を「国づくり」としてめざしていることがわかる[17]。

○万世一系の皇統と悠久なる歴史を持つ皇室と日本の伝統文化を尊重し、自国の文化に誇りを持てる社会づくりをめざします。
○日本の伝統と国柄に基づき、国土と国民を守ることのできる憲法の制定をめざします。
○日本を守るために尊い命を捧げられた、靖國神社に祀られる英霊に対する国家儀礼の確立をめざします。
○国民の生活や社会の重要な基盤となる家族の絆を大切にできる社会の実現をめざします。

〔堀江　有里〕

○道徳心や豊かな感受性を育み、子供たちが未来に希望を持つことのできる教育の実現をめざします。
○日本の史実に対する誤った認識を払拭し、世界から尊敬される道義国家、世界に貢献できる国家の確立をめざします。
○諸外国と友好親善を深めつつ、北方領土や竹島、尖閣諸島など、日本の領土を自身で守れる社会をめざし、国民意識を啓発します。

神政連は上記の活動目的のなかで「国民の生活や社会の重要な基盤となる家族の絆を大切にできる社会の実現」と「子供たちが未来に希望を持つことのできる教育の実現」と述べている。その社会や教育を「万世一系の皇統と悠久なる歴史を持つ皇室と日本の伝統文化を尊重」しつつ、「靖國神社に祀られる英霊に対する国家儀礼の確立」という文脈のなかで実現しようとするものである。

宗教社会学者の塚田穂高は、とくに靖國神社が戦前には「『国家神道』のシンボル的施設」であったと指摘する。大日本帝国の施設であり、「『国のために』死んでいった人々を、国家が公的に慰霊、追悼、顕彰する場」として機能していた。戦後は国家神道の解体により、靖國神社も宗教法人のひとつとなった（塚田 2022: 69）。しかし、神政連のめざすところは国家神道の復権でもある。そのため、フィクションにすぎない「万世一系の皇統」を掲げ、「家族」を基盤とした社会づくりや、そのためのメディアとしての教育をとらえようとする。

先に触れたように、第一次安倍政権発足（二〇〇六年）以降、閣僚のほとんどは神政連に所属している。そして、そのなかで具体化されてきたひとつに憲法「改正」への取り組みがある。二〇一二年に公表された「自民党憲法改正草案」は、日本国を「国民統合の象徴である天皇を頂く国家」（前文）として位置づけ、第二四条に「家族は社会の自然かつ基礎的な単位として尊重される。家族は互いに助け合わなければならない」という文言を付加している。ここで示されているのは「家族」の相互扶助義務である。自民党は当初、この文言を「世界人権宣言」から引用したと説明した。しかし、「世界人権宣言」第一六条(3)には「家庭は、社会の自然かつ基礎的な集団単位であって社会及び国の保護を受ける権利を有する」とある。前半部分は同じであるものの、後半部分はベクトルがまったく異なることがわかる。「世界人権宣言」では社会や国から保護を受ける権利として、「自民党憲法改正草案」では相互扶助義務として、それぞれ「家族」がとらえられているのだ。前者は公助を、後者は自助を意味する。

また、このような家族主義の流れは〈父・母・子〉で形成される集団を「正しい家族」として、そのユニットを基盤とし、強調することによって、「婚姻平等」を阻害しようとする動きへと結びついていった。同性愛嫌悪と異性婚の保持はこのようなかたちで表裏一体のものとして把握されているのである。

2　疎外／阻害される同性カップルの法的関係

二〇二二年は神政連のような団体だけではなく、バックラッシュ勢力に宗教集団が深く関わっていることが広く知られた年でもあった。七月八日に安倍晋三元首相が殺害された理由が旧統一協会（現・世界平和統一家庭連合）[18]と密接な関係にあったからである。一時期、大きく盛り上がった報道合戦も、二〇二三年半ばにはかなり縮小されていったものの、いかに宗教と政治が家族主義のイデオロギーを軸として結託してきたかが、旧統一協会の事例でも顕著である[19]。

旧統一協会は、ジェンダー関連のみならず、性的マイノリティに関するバックラッシュの担い手としても活躍してきた[20]。ここでは具体例として同性パートナーシップ認定制度を条例で可決しようとした東京都渋谷区への抗議行動（二〇一五年二月）をみておきたい。

渋谷区議会では二〇一五年に「渋谷区男女平等及び多様性を尊重する社会を推進する条例」が提案されたのだが、そこに同性パートナーシップ証明の項目が含まれていた。同条例は「パートナーシップ」を「男女の婚姻関係と異ならない程度の実質を備える戸籍上の性別が同一である二者間の社会生活関係をいう」と定義し（第二条八号）、「公序良俗に反しない限りにおいて、パートナーシップに関する証明（パートナーシップ証明）をすることができる」（第一〇条）と定めている。

条例案の内容が一部公表された後、同年三月一〇日には渋谷駅前で街宣が行われた。かれらは「家庭を守る渋谷の会」と名乗り、「伝統的な家庭制度に混乱をもたらす渋谷区条例案：同性カップルに、『結婚相当』証明書――言論の自由侵害、学校教育や子供の躾にも悪影響」と題したビラを配布した。また、条例否決を求めるオンライン署名も開始した。

かれらが条例案に反対した理由はつぎの三点である。①男らしさ・女らしさを大切にするなどの教育を行うこと、躾けることが条例違反となる、②同趣旨の大会やデモもできなくなることは言論の自由を侵害する、③憲法二四条では婚姻は両性の合意のみに基づいて成立するのであり、結婚に相当する関係であると第三者に認めさせることは憲法違反である。しかしながら、かれらが主張するこれら三点はいずれも根拠が示されていない。

そしてビラはつぎのような文言でむすばれ、渋谷区に対して条例反対の声を寄せるように呼びかけている。

運動を支援する人々の中には、行き過ぎた男女平等を唱えるフェミニストたちが少なからず含まれています。彼らは、「同性愛」という言葉とあわせて、「異性愛」という文言を編み出し、伝統的一般的な夫婦の在り方と、同性愛カップルを同等にみなす風潮を作ろうと画策しています。すなわちそうした人たちにとって条例案は、日本の伝統と文化に対する挑戦状として格好の材料となるのです。

「家庭を守る渋谷の会」の連絡先には関係は明示されてはいないものの、旧統一協会事務所の電話番号が明記されていた。[21] また、旧統一協会のメディアである『世界日報』には、度々、条例への反対論が掲載された。たとえば「同性カップル証明、渋谷区は条例案を撤回せよ」と題した社説（二〇一五年三月五日）ではつぎのように主張する。[22] 同性パートナーシップを「結婚に相当する関係」と認めて証明書を発行することは「婚姻制度の理念を無視した偏った内容で、同区だけでなく日本社会に深刻な事態を招くのは明白だ」とし、区長は撤回すべきだと主張する。また、条例案には「看過できない法的問題点がある」と指摘した上で、「婚姻を男女間に限定した24条との整合性を欠いて」いること、それ自体が「極めて偏向した理念が背景にあることがうかがえる」と述べている。さらにかれらが「看過できない法的問題点」として挙げているのは家族法についてである。先のビラにはつぎのような文言もある。

民法の家族法は婚姻制度を設け、扶助・貞操など夫婦間の義務を規定しているが、その目的は生まれてくる子供の身分の安定・福祉にある。法律婚の保護が義務付けられているのは子供を守るためである。その義務を遂行すべき行政が当事者の人権だけの観点から同性カップルを「結婚に相当する関係」と認めることは極めて不適切である。

もちろん、法的効力をもたない行政サービスである同性パートナーシップ認定制度を婚姻制度という法的制度と並べること自体、ミスリーディングではある。しかし、「家庭を守る渋谷の会」のビラにはこの認定制度が「伝統的一般的な夫婦の在り方」に対する「挑戦状」だという表現があった。また、『世界日報』の社説では「子供の身分の安定・福祉」を家族法の目的として強調し、「当事者の人権だけの観点」から同性カップルの法的保護を認められないとしていた。この主張には、同性カップルは子をなさないとの前提が示唆されている。実際には同性カップルで子育てをしている人たちもいるし、異性カップルで子をなさない人たちもいるにもかかわらず、である。

本節では、神政連と旧統一協会の例をみてきた。事例を概観したにすぎず、もっと掘り下げてその背景を検討していく必要もあるだろう。ただ、ここで確認しておきたかったことは〈家族の価値〉尊重を唱える〈宗教右派〉の協働が日本社会で成立している状況である。もちろん、両者には宗教を基軸とした家族主義を強調する活動という共通点はあるものの、差異も大きく横たわっている。神政連が天皇を中心とする国家神道の「復権」をめざしているのに対し、旧統一協会の創始者である文鮮明は日本による朝鮮半島における侵略と植民地政策をふりかえりつつ、日本を「サタンの国」とし、日本の信者への宗教活動——献金活動や霊感商法、さらには合同結婚式や信者どうしの家族計画など——への積極的な参与を促してきた。そのなかで天皇を植民地支配の責任者として名指してきた。家族主義の強調という点では一致するものの、どのような国家体制をめざすかについてはズレが生じているのだ。この点については、今後、より詳細に検討していく必要があるだろう。

さて、宗教を基軸とした家族主義は、昨今、あらたに出現したものではない。近代日本にどのように家族主義を支える制度が生み出されてきたのか、そしてそれが宗教とどのように結びついてきたのかを次節にてみていくこととしたい。

Ⅳ　制度的「結婚」の問題――天皇制国家と戸籍制度

1　近代日本の形成と戸籍制度

日本は近代国家をかたちづくる際、国民管理のために「家」を基礎的な単位とする制度を採用した。女性史研究者の西川祐子は、近代家族とは「国民国家の基礎単位とみなされる家族」であると述べる（西川 2000: 254）。西川は「多くの国家はまず家族という小集団をとおして国民を把握することからはじめた」とする。「国民統合の手段として家族的結束の比喩を多用し、家族の一体感という情緒を利用するのも常套手段である」と指摘されるように、「家族」を用いるのが日本のみの特徴であるわけではない（西川 2000: 246）。

〔堀江　有里〕

では、何が近代日本の特徴だったのだろうか。日本では国民国家の基礎単位として「家族」を据える際、それを束ねる制度としてあらたに戸籍制度が生み出されたことに注目したい。江戸時代までは宗門人別改帳によって寺院による檀家管理がなされていたが、近代の戸籍制度があらたにつくられることにより国家による国民管理が開始されることとなった。その目的は徴税と徴兵である。

近代戸籍としてつくられた最初のものは壬申戸籍（一八七二年）である、この戸籍で採用されたのが「戸」という居住形態の単位であった。西川は戸籍制度についてつぎのように述べる。

> 戸主には「家」家族を代表して構成員の身分の移動を届け出る義務があり、同時に戸主の権威は家父長の権威として家族国家の頂点に立つ天皇の権威とアナロジーで語られ、「家」制度は祖先崇拝を媒介に天皇制国家の基礎単位とされた（西川 2000: 18–19）。

ここで示される戸籍制度の特徴はつぎの二点であろう。一点目は「戸」として管理された基礎単位が徐々に観念化されていったことである。居住と異なる系統で「家」が構成されるに至った。「本籍地」とは人びとにとって日常生活とは関係のない場でもあるケースは少なくないだろう。すなわち、居住関係ではなく、「家」が観念化され、戸籍が維持されていることがわかる。二点目は「家族国家の頂点に立つ天皇の権威」が用いられたことである。戸籍制度は、臣民簿として作成されたところから、天皇・皇后や皇族は組み込まれていない。そこで採用されたのは、①宗教的要素と、②「男尊女卑」の価値観である（遠藤2013: 2019）。具体的には、視察先のヨーロッパにおけるキリスト教という文化背景から、精神的支柱としての国家神道と祭祀長としての天皇の役割が「皇室典範」には書き込まれた。そして、天皇を社会システムの頂点とした社会形成のために、男系男子による皇位継承の規則が作成されたのである。欧米列強に対し、「遅れてきた近代国家」としての日本は、「万世一系」というフィクションを据えることによって、権威的な天皇イメージを生み出し、「家」の原理を強化することによって国家形成を進めていくこととなった（安丸 1992→2017）。

2　戦後戸籍の改正プロセスと残された家制度

戦後、日本国憲法のもとで民法での家制度はなくなった。しかし、戸籍制度は家族単位を基礎として残されることとなった。戸籍改正の議論のなかでは抜本的に形式を変更し、「個人カード方式」にすべきとの意見もあったという。たとえば起草作業にあたった我妻栄は、「個人カード方式」を採用しなかったが、一九五三年の時点で起草作業当時をふりかえり、「戸籍に対する国民感情を見誤った」とし、後悔の弁を述べている。そこには時代背景がある。日本のＧＨＱによる占領からわずか七年を経て、サンフランシスコ講和条約発効（一九五二年）を機会とし、「家」制度への回帰を求める保守派の議論が強まっていく。文書で明らかにされたわけではないがその足がかりに戸籍があったというのだ（下夷 2019: 52）[23]。

　社会学者の下夷美幸は「戸籍が家族単位であることは、決して自明なことではない」とし、戸籍によって生じるさまざまな家族関係の問題を解決するためには、その制度を抜本的に見直し、個人単位にすることの必要性を強調する。それが「戸籍の呪縛から日本の家族を解放することでもある」、と（下夷 2019: 261）。しかしながら、戸籍制度を家族単位から個人単位に切り替えるだけで、家族からの解放はなされるのであろうか。あるいは、家族主義は緩和されるのであろうか。

　興味深いのは、以上のような議論が戸籍制度ありきとして進められていることだ。本当にこの制度は必要なのだろうか。戦前からひきつづき、日本の「国民」管理は住民基本台帳と戸籍簿の二重管理制度をもつ。住民サービスのほとんどは住民基本台帳によって運用されているのが実態である。であれば、戸籍制度を廃止し、住民基本台帳だけで国民管理を行うことも可能であろう。ここで生まれる問いは、なぜ、二重管理制度という非合理的な方法は解消されないのかという点である。

戸籍研究者の佐藤文明は戸籍制度には組み入れられない天皇・皇后および皇室の存在との関係性から、「天皇にまつろう者」たちの「臣民簿」として戸籍簿があることを指摘してきた（佐藤 1984: 1988）。これまでにも「家族単位」という問題だけではなく、戸籍制度に対して多くの批判がなされてきた。家父長制を温存する装置である点や、差別の温床（性差別、婚外子差別、部落差別、外国人差別など）となっている点などである。[24] 一本化できなかったのは天皇制を保持するためにほかならない。それ以外にこの非合理性には説明がつかないからだ。そもそも、税金や年金、健康保険、選挙、義務教育など、さまざまな行政による住民サービスは住民基本台帳をもとにしている。戸籍簿は使われるのは、婚姻や相続、パスポート作成などに限定される。この現状を踏まえれば、ほとんど使用することのない戸籍簿を廃止し、住民基本台帳に一本化する方が効率的かつ合理的だといえるのではないだろうか。

くりかえすが、非合理的な二重の国民管理の方法を維持しつづけるのではなく、戸籍制度は廃止すべきだと筆者は考える。だからこそ、戸籍制度に則った婚姻制度は、まず、廃止すべきだと考える。ここで予測される反論にも応答しておきたい。では、戸籍制度が廃止された後、諸外国と同じく、住民登録などを基盤とした結婚制度であれば許容するのか、という反論である。フランスなどのパクスにみられるようなカップルの民事契約のあり方であれば許容できるのか。婚姻とは異なるパートナーシップ制度であれば支持するのか。同性カップルの婚姻制度への適用をどう考えるのか。二者関係に限定した法的保護であるから問題なのか。これらは筆者が何度も投げかけられてきた問いである。ここではあえてこれらの問いは「論点ずらし」だと表現しておきたい。というのも、これらは婚姻制度や、より広く「結婚」と称されるものの形式的な平等や課題を議論するものだからである。もちろん、どのような制度を設定し、あるいは改善し、誰がどのようにその制度を利用できるのかという形式的平等を追求していくことも必要であろう。しかし、議論の位相は他にも存在するはずだ。筆者はこれまでも一貫して戸籍制度が生み出す問題を議論してきた。そこで議論の中心課題となるのは、近代の戸籍制度がつくられてきた歴史や法的・社会的・文化的に機能してきた背景である。あえていえば、存立構造自体である。婚姻平等の議論が進むなかでは、形式的平等が議論の中心に据えられることで、存立構造の問題は置き去りにされがちなのではないだろうか。この点が憂慮される。

〔堀江　有里〕

非合理的な国民管理の制度をもつ日本。戸籍制度の役割を天皇制の維持ととらえれば、そこに分断された課題の関連がみえてくる。民法上の家制度は戦後になくなったが、しかし、周知のとおり、「皇室典範」には家制度は残っている。というのも、「皇室典範」もまた、戦前と戦後ではほとんど変化がないからだ。昨今、とくに代替わり時期には女性天皇や女系天皇を認めるべきだとのフェミニズムの議論も出現した。このような側面をとらえると、この問題に関しても皇位継承権を男系男性のみに限定する「皇室典範」の改正という形式的平等をめぐる議論のみが先行している現状にある。しかしながら、近代天皇制が性別役割分担と異性愛主義を存立構造として持ち、女性は参加することのできない儀礼を含む皇室神道が中心に据えられていることを忘れてはならない。形式的平等——ただし部分的な——のみが取り沙汰されるとき、このような天皇制と宗教、そしてジェンダーに関わる議論自体が置き去りにされているといえるのではないだろうか[25]。そもそも、女性天皇や女系天皇という部分的な形式的平等を認めようとするフェミニズムとは何か。天皇制という身分制度や家制度で成り立つシステム自体を問えないフェミニズムとは、いかにもグロテスクだとわたしは嘆息せざるをえないのだが…。

3　日本政府がめざす家族の在り方

日本においても婚姻制度の形式的平等は必要であるとの世論は高まりつつある。すなわち、同性カップルの婚姻制度への適用を認めるべきだという声は高まっている。しかし表層的には寛容の度合いが進んでいるようにみえても、これまでみてきたように、天皇制を中心とした国家形成は戦後もずっと継続している。

二〇一九年には法律上の同性カップルが婚姻制度を利用できないのは憲法違反だとして国を提訴する裁判がはじまった。この「結婚の自由をすべての人に」訴訟は、札幌・東京・大阪・福岡・名古屋の各地裁で判決が出されている（二〇二三年九月末現在）。平等権（第一四条）や個人の尊厳に立脚した婚姻・家族の立法（第二四条二項）などを違憲とする判決も出されている。しかしながら、唯一、大阪地裁は、異性間に限定された婚姻制度を違憲として提訴した原告の請求を棄却し、現行の婚姻制度は制度の立法の観点からも、平等権の観点からも、現状は合憲であると判決を出した（二〇二二年六月二〇日）。さらに現行の婚姻制度についていて以下のような踏み込んだ説明が挟まれている。

人類には、男女が共同で生活を営み、自然生殖により子が生まれることにより子孫を残し、次世代へと承継してきた実態が歴史的・伝統的に存在しており、婚姻制度は、このような関係に対し、社会の自然かつ基礎的な集団単位として識別、公示する機能を持たせ、法的保護を与えるものである。このような婚姻制度の趣旨は、我が国で法律婚が定められた明治民法から現行民法に受け継がれ、歴史的、伝統的に社会に定着し、社会的承認を得ている。よって、その趣旨には合理性がある。

これは現行の法律には書き込まれていないこの判決独自の解釈である。「皇室典範」に残存する家制度のみならず、このように慣習としての家制度（的解釈）は残っているのだ。この点はⅡ節にて取り上げた「自民党憲法改正草案」（二〇一二年）に記された、天皇を元首とし、家族を基礎単位とした上で扶助義務を書き込んだ家族主義と合わせて考えていく必要があるだろう。

同性カップルのみならず、現実には異性カップルであろうとも自然生殖ではない出産や、養子縁組による世代の異なる家族形成も存在する。大阪地裁判決は、それらを捨象して——あるいは無視して——婚姻制度を先のように解釈しているのである。この訴訟の中心的な争点は、同性カップルに婚姻制度が適用されていない現状の違憲性を問うところにある。しかしながら、同性カップルの婚姻制度への参入可否という形式的平等の議論だけではなく、「家族」をどのように定義するかというイデオロギーを内包する判決が出されたことは大きな問題であると言わざるをえない。

V　さいごに ── 家族制度を解体せよ！

本稿では、昨今、問題があかるみになってきた日本における〈宗教右派〉の協働といういくつかの事例をみてきた。そこに現れる家族主義には、たとえば神道のように宗教の教義を利用することができないため、キリスト教における〈宗教右派〉が利益を共有し、協働する事例もみられた。また、家族主義を中心とする国家体制に着目し、検討してきた。しかしながら、本稿で取り上げたのは、この数年のあいだに広がっている議論のほんの一部に過ぎない。異なる宗教集団のあいだで、利害関係が共有され、ジェンダー／セクシュアリティをめぐる領域へのバックラッシュがかたちづくられ、再生産されている状況はほかにも存在する。

たとえば、二〇一八年にお茶の水女子大学でのトランス女性の受験資格が報道されて以降、トランス女性に対する激しい攻撃が起こっている。とくにインターネット上では「フェミニスト」を自称する人たちの発信が目立って大きくなっていった[26]。このようなトランス排除の動きはインターネットに留まらず、G7広島サミットの開催を契機に法案化されたいわゆる「LGBT理解増進法」（二〇二三年六月）の制定過程でも大きく広がっていった。二〇二三年九月現在、この攻撃は止むことなく、むしろ激化していると言わざるをえない。

トランス女性の排除と反ジェンダー運動――女性解放運動へのバックラッシュ――の動きの協働は、日本だけの問題ではない。フェミニズム理論やクィア理論の研究者である清水晶子は、世界的な動きのなかで起こってきた経緯を整理するなかで、二〇一〇年代以降、あたらしく生み出されてきたトランス排除の戦略の流れがあることを指摘する。その「あたらしさ」とは、「トランスの人々を『問題』として論じ続け、それによってトランスたちを常に監視の視線にさらし続ける、そのメディア状況にある」と清水は述べる（清水 2022: 347）。そこでモラル・パニックの現象が引き起こされるのだ。

清水は日本でのトランス女性へのバックラッシュは保守系メディアの後押しを受けて拡散してきているとし、つぎのように述べる。

〔堀江　有里〕

従来から性的少数者の権利回復の主張を「伝統的な家族」を破壊するものと見做して敵対的姿勢をとってきた宗教／道徳保守層にとって、たとえば「女性の安全を守る（ためにトランスの権利回復を認めない）」といった口実は、きわめて使い勝手が良い。そして、道徳的／宗教的保守が「女性の安全」「弱者の保護」を大義名分として利用するこの構図は、日本に限定されるものではない（清水 2022: 349）。

キリスト教の〈宗教右派〉が、米国で〝居場所〟を失って移動していくように、同性カップルの法的保護や「婚姻平等」への賛成の声が多くなるに従い、攻撃の対象が変化していく。それは「モラル・パニックを引き伸ばしてマイノリティの権利回復を押し戻すことこそが、期待される効果だからだ」（清水 2022: 350）。

無宗教の文化をもつと認識されがちな日本社会のなかで、しかし、宗教の影響は政権との密接な関係のなかで着実に広がっている。とくに家族主義を基盤とした「国体」の復権がめざされる流れをみるとき、この国家体制のなかに巻き込まれているわたしたちは、婚姻制度を中心とした家族制度の解体を理論的にも実践的にも検討しつづけるべきだと筆者は考える。同時に、婚姻制度の基盤となる戸籍制度、そして、その制度が維持しつづける天皇制というシステムをも解体するような理論と実践を検討する必要があるのではないだろうか。それが何よりも、日本における家族主義の存立構造なのだから。

(1)　筆者も日本で活動するオープンリー・レズビアンの牧師として一文を寄せている。

(2)　英語からの翻訳で韓国語版では二巻本（ヘブライ聖書、新約聖書）として二〇二一〜二二年にかけて発行された。翻訳はクィア聖書註解翻訳委員会。出版はムジゲ（「虹」の意）神学研究所。原著は（Guest et al., 2006）。

(3)　「ソウル学生人権条例」は二〇一二年に制定。小中学校・高校の児童・生徒に対する体罰の全面禁止、頭髪や服装の自由、校内集会の許容、持ち物検査や没収の禁止などの内容を含む。性的指向と性自認に関する差別禁止項目で議論となった。

(4)　「언제나 한발짝 앞서 〝저항 현장〟 나섰던 임보라 목사 별세（いつも一足先に「抵抗の現場」に出かけていったイム・ボラ牧師、他界）」『ハンギョレ』二〇二三年二月五日 https://www.hani.co.kr/arti/society/religious/1078316.html　＝最終閲覧：二〇二三・九・三〇　日本語訳は筆者による。

(5)　こうやって、先に逝ってしまった大切な友人のエピソードに触れることが適切なのかどうかわたしにはまだわからない。たくさんのいのちが奪われていく現状は確実にある。いのちの選別はつねにわたしたちの日常生活のただなかに存在している。だからこそ、そのいのちを想起しつづけること、語りつづけることが、ひとつの抗いのふるまいになりうるのだと、わたしは考えている。しかし同時に生き遺された者が先に逝った友人について言葉を紡ぐことで理不尽にも奪われていったいのちを〝利用〟することにならないのかとも自問する。イム・ボラ牧師がいた教会の名のとおり、ソムドル ―― 縁側の踏み石 ―― にしてしまっているのではないか。記憶を紡いでいくことと、〝利用〟してしまいかねない現実とは、紙一重でもある。

(6) 本稿では以降、「異性カップル」「同性カップル」と表記するが、これは法律上の性別が同性間であるか異性間であるかということを意味する。個々人がどのような性表現を用いるかは法的な性別とは異なる位相である。トランスジェンダーで戸籍上の性別が、普段の生活と異なる性別である場合、実際には異性愛のカップルであっても、法律上では「同性カップル」になる。

(7) 後述するが、日本の社会制度と宗教についての事例は天皇制がはらんでいる問題でもある。しかしながら、婚姻制度と天皇制の関連は一九八〇~九〇年代にはウーマン・リブやフェミニズムでの議論がかなり蓄積されてきたが、昨今は注目されることがほとんどない。また、宗教と結婚についてはフェミニズムの分野でもこれまであまり注目されることがなかった。

〔堀江　有里〕

フェミニスト哲学の分野ではエリザベス・ブレイクは婚姻制度から性愛中心主義を排除し、それでもなお批判されてきた婚姻制度を残す意味について、もし国家が婚姻制度を手放せば、市場と教会が「結婚」をめぐる事柄を独占することになると述べている（Brake, 2019）。しかし、ブレイクの議論をきっかけに日本で出版された論集においても市場には言及されるものの、宗教の問題については何ら触れられることなく完全に放置されている（植松ほか 2022）。

（8）とくにキリスト教文書としての聖書の正典化の歴史については（田川 1997）にも詳しい。

（9）米国の〈宗教右派〉と〈家族の価値〉尊重派の問題については別稿で詳細に検討した（堀江 2019）。イエスについての伝承を記録しようとした福音書には、当時の古代ユダヤの世界において重視されていた血縁関係の共同体を否定するイエスの言動も残されている。〈宗教右派〉の強調する家族主義は、イエスの死後、後の家父長制的な教会組織のなかで育まれてきた側面が強いと考えられる。

（10）松岡宗嗣「『同性愛は依存症』『LGBTの自殺は本人のせい』自民党議連で配布」Yahoo Japan ニュース、二〇二二年六月二九日（https://news.yahoo.co.jp/byline/matsuokasoshi/20220629-00303189　＝最終閲覧：2023. 9. 30）

（11）「神道政治連盟　弘前学院大学宗教主任によるLGBT断罪の講演録を配布　大学側は『関知しない』」Kirishin（キリスト新聞）、二〇二二年七月六日（http://www.kirishin.

com/2022/07/06/55004/　=最終閲覧：2023. 1. 31）

（12）　この文書をめぐる問題についてはいくつかの団体が抗議声明や要望書を提示している。また、キリスト教以外の一般社会では性的マイノリティ当事者有志の呼びかけにより、同年七月四日、自由民主党本部前にて「Stand for LGBTQ+ Life」と名づけられた抗議行動がおこなわれた（参加者四五〇名）。さらに「ＬＧＢＴ差別冊子の対応を求める有志の会」が冊子の回収などを求めてネット署名活動で五一、五〇三筆を集め、自民党本部へと七月二五日に提出している。

（13）　楊尚眞は、二〇〇〇年代には在日大韓基督教会京都南部教会の牧師時代、青年会が取り組む同性愛者差別問題への活動に反対する姿勢を表明していた。一九九八年に起こった在日大韓基督教会における同性愛者差別事件と、その後の全国青年会協議会による同性愛者差別問題委員会の活動については拙論をご参照いただきたい（堀江 2010: 2012）。なお、楊尚眞は二〇二三年一月に急逝したため、「対話」の回路が断たれたことが残念でならない。

（14）　「転向治療」は精神的・心理的に対象者に多くの負担を強いるもので米国でも約半数の州が未成年を対象とした活動を禁止し、州法はないものの郡や市で禁止法を持っていたり、問題視する判例が出ているケースもある。ヨーロッパやほかの地域においても禁止法制定が進んでいる。

(15)　詳細は割愛するが講演録の内容には以下のようなものもあった。「権利擁護の教育によって同性愛者の人口が増える」、「同性愛の原因は家庭環境、特に親子関係である」と主張されるが科学的な根拠も実証的なデータの裏づけもない。とくに後者は、〈同性愛＝悪〉の「原因」なるものを措定し、それを「家庭」や「親」に帰責させるという点でも悪質である。これらはマジョリティのあいだにモラル・パニックを喚起する言説であることに注意しておきたい。

(16)　「NBUSを憂慮するキリスト者連絡会」公式サイト（https://against-nbus.org/　＝最終閲覧：2023. 9. 30）

(17)　「神道政治連盟」公式サイト（https://www.sinseiren.org　＝最終閲覧：2023. 9. 30）

(18)　本稿では旧名称である世界基督教統一神霊協会の略称として「統一協会」を用いる。統一協会は一九五四年に韓国で文鮮明が創始した新宗教であり、信者数や献金額は日本が最も多い。旧名称で霊感商法などのイメージを払拭するために名称変更をした経緯があることを鑑みてこの表記を用いる。また、メディア等では「統一教会」という表現されるのが一般的だが、同団体は「association」という英名を用いていたことやキリスト教界での慣習であることから、本稿では「統一協会」と記す。

(19)　とくに地方の草の根運動のなかで〈宗教右派〉が影響力をもって活動してきた例や、旧統一協会の家族主義に関する事例は山口智美や斉藤正美が丁寧なフィールドワークによって研究を蓄積してきているので参照されたい（山口・斉藤・荻上 2012：山口・斉藤 2020: 2023）。とくに二〇〇〇年代前後からはじまった男女共同参画あるいはジェンダーをめぐる保守派によるバックラッシュについては、旧統一協会が積極的に参加しはじめたのは二〇一二年である（山口・斉藤 2023: 49）。

(20) 前注で記した山口・斉藤らの研究であきらかにされてきた事柄のみならず、旧統一協会は他機関とも協働しつつ、目立った動きを地方自治体の性的マイノリティを課題とする政策をめぐってもおこなってきた。この点から宗教が人権推進の阻害要因として機能していることを鑑み、ＬＧＢＴ法連合会が主催したシンポジウム（全体テーマ：法整備とＳＯＧＩ、二〇二二年一一月一九日、於・早稲田大学）でも、「宗教とＳＯＧＩ」の分科会が設置された。記録集も刊行されている（ＬＧＢＴ法連合会 2023）。

(21) 後に旧統一協会の信者たちによる団体であることを本部も認めており、渋谷区は本部のある「お膝元」であるからこそ、危機感を募らせて、このような行動をとったという（山口・斉藤 2023: 145–146）。

(22) 「同性カップル証明、渋谷区は条例案を撤回せよ」『世界日報』二〇一五年三月五日（https://vpoint.jp/politics/38559.html　＝最終閲覧：2023. 9. 30）

(23) 戸籍制度に個人単位が採用されなかった理由に実務負担という現実問題もあった。実際の戸籍法改正作業を担ったのはおもには法務官僚であったため、物資も人手もないが、戦争の事後処理という膨大な課題があるなか、「家族」単位の方がメリットがあった。特に物資不足についていては出版図書数や紙生産高と合わせて背景分析をしている下夷美幸は、個人単位に改正されていれば戸籍制度の運用は立ち行かなかったであろうと述べている（下夷 2019: 253）。

（24）戸籍簿には異動事由が記載されるので、「性同一性障害・特例法」（二〇〇三年）によって性別変更を行った人びとへの差別も含まれる。しかし、この点はこれまでにもあまり問題化されてきていない。

（25）天皇制とジェンダー／セクシュアリティに関わる課題は別稿で詳細に論じたので参照されたい（堀江 2022a）。

（26）このような事態への批判としてまとまったものとしては、早い時期にアジア女性資料センターが機関紙『女たちの21世紀』で「フェミニズムとトランス排除」を特集している（アジア女性資料センター 2019）。

〈参考文献〉

アジア女性資料センター（2019）『女たちの21世紀』九八号。

Brake, Elizabeth,（2012）, *Minimizing Marriage: Marriage, Morality, and the Law*, Oxford

〔堀江　有里〕

University Press.（＝久保田裕之監訳『最小の結婚――結婚をめぐる法と道徳』白澤社（二〇一九年））

遠藤正敬（2013）『戸籍と国籍の近現代史――民族・血統・日本人』明石書店。

遠藤正敬（2019）『天皇と戸籍――「日本」を映す鏡』筑摩書房。

Faye, Schon, (2021), *The Transgender Issue: An Argument for Justice*（＝２０２２、高井ゆと里訳『トランスジェンダー問題――議論は正義のために』明石書店）。

Guest, Deryn, Robert E. Goss, Mona West and Thomas Bohache, eds., (2006), *The Queer Bible Commentary*, London: SCM Press.

堀江有里（2006）『「レズビアン」という生き方――キリスト教の異性愛主義を問う』新教出版社。

堀江有里（2010）「異なる被差別カテゴリー間に生じる〈排除〉と〈連帯〉――在日韓国／朝鮮人共同体における『レズビアン差別事件』を事例に」山本崇記・高橋慎一編『「異なり」の力学――マイノリティをめぐる研究と方法の実践的課題（立命館大学生存学研究センター報告）』第14号一四一―一六五頁。

堀江有里（2012）「在日韓国人コミュニティにおけるレズビアン差別――交錯する差別／錯綜する反差別」天田城介・村上潔・山本崇記編『差異の繋争点――現代の差別を読み解く』ハーベスト社（二〇一二年）、一一九―一三九頁。

堀江有里（2015）『レズビアン・アイデンティティーズ』洛北出版。

堀江有里（2019）「キリスト教における『家族主義』――クィア神学からの批判的考察」日本宗教学会『宗教研究』第三九五号一六三―一八九頁。

堀江有里（2022a）「天皇制とジェンダー／セクシュアリティ――国家のイデオロギー装置とクィアな読解可能性」菊地夏野・堀江有里・飯野由里子編『クィア・スタディーズをひらく2――結婚、家族、労働』晃洋書房一六七―一九九頁。

堀江有里（2022b）「結婚への自由／結婚からの自由――婚姻制度をめぐる批判の再読」『理論と動態』第一五号二九―四八頁。

栗林輝夫（2005）『キリスト教帝国アメリカ――ブッシュの神学とネオコン、宗教右派』キリスト新聞社。

栗林輝夫（2018）『アメリカ現代神学の航海図』新教出版社。

LGBT法連合会編（2023）『SOGIをめぐる法整備はいま――LGBTが直面する法的な現状と課題』かもがわ出版。

西川祐子（2000）『近代国家と家族モデル』吉川弘文堂。

斉藤正美（2022）「自民党と宗教右派の結託が阻んできたもの」『世界』第九六四号一〇〇―一〇七頁。

〔堀江　有里〕

佐藤文明（1984）『戸籍がつくる差別 ―― 女性・民族・部落、そして「私生児」差別を知っていますか』現代書館。

佐藤文明（1988）『戸籍うらがえ史考 ―― 戸籍・外登制度の歴史と天皇制支配の差別構造』明石書店。

清水晶子（2022）「いつかこの本が読まれる必要がなくなる未来が来る日まで ―― 『トランスジェンダー問題』を読む」『文藝』第六一巻・第四号三四四―三五四頁。

下夷美幸（2019）『日本の家族と戸籍 ―― なぜ「夫婦と未婚の子」単位なのか』東京大学出版会。

塚田穂高（2022）「令和日本の『政教問題』 ―― 『国家神道』・『宗教団体』論から宗教の拡散化へ」『世界』第九六四号（二〇二二年）六八―七八頁。

塚田穂高編（2017）『徹底検証・日本の右傾化』筑摩書房。

植村恒一郎・横田祐美子・深海菊絵・岡野八代・志田哲之・阪井裕一郎・久保田裕之（2022）『結婚の自由 ―― 「最小結婚」から考える』白澤社。

山口智美・斉藤正美・荻上チキ（2012）『社会運動の戸惑い ―― フェミニズムの「失われた時代」と草の根保守運動』勁草書房。

山口智美・斉藤正美（2020）「二〇〇〇年代『バックラッシュ』とは何だったのか」『エトセトラ』第四号八〇―八四頁。

山口智美・斉藤正美（2023）『宗教右派とフェミニズム』青弓社。
安丸良夫（1992→2007）『近代天皇像の形成』岩波現代文庫。

【付記】
本章は『法と哲学』第九号（二〇二三年六月）に所収された拙稿「家族主義の再生産装置としての〈結婚〉――クィア神学からの批判的考察」に加筆修正したものである。編者である山田八千子先生、刊行後にコメントをいただいた方々に感謝したい。

◆執筆者紹介（掲載順）◆

山田八千子　中央大学大学院法務研究科教授
弁護士（武谷直人法律事務所）

主要著作：『自由の契約法理論』（弘文堂，2008年），「改正前民法第634条『修補に代わる損害賠償〉の立法学的考察 ── 『成る法』としての法の権威の視点から」中央ロー・ジャーナル17巻4号（2021年），'Judicial Decision-Making and Explainable AI (XAI) - Insights from the Japanese Judicial System', Studia Iuridica Lublinensia, 32(4), 2023,「立法理学から見る学術研究と科学・技術政策 ── 科学技術基本法の改正を契機として」中央ロー・ジャーナル20巻4号（2024年）

安念　潤司　中央大学法務研究科教授

主要著作：「日本国憲法の意義と運営」岩波講座憲法6『憲法と時間』（共著，岩波書店，2007年），『改訂版 政策法務の基礎知識 立法能力・訟務能力の向上にむけて』（共著，第一法規出版，2008年），『論点日本国憲法 ── 憲法を学ぶための基礎知識』（共著，東京法令出版，2010年）

大島　梨沙　青山学院大学法学部教授

主要著作：『フランス夫婦財産法』（共著，有斐閣，2022年），「家族制度改革における立法の位置」井田良・松原芳博編『立法学のフロンティア3 ── 立法実践の変革』（ナカニシヤ出版，2014年），『性的マイノリティ判例解説』（共編著，信山社，2011年），「フランスにおける非婚カップルの法的保護（1）（2・完）── パックスとコンキュビナージュの研究」北大法学論集57巻6号・58巻1号（2007年）

若松　良樹　学習院大学法務研究科教授

主要著作：『センの正義論』（勁草書房，2003年），『自由放任主義の乗り越え方』（勁草書房，2016年），『醜い自由』（成文堂，2021年）

田村　哲樹　名古屋大学大学院法学研究科教授
主要著作：'Another Way for Deepening Democracy Without Shortcuts,' Journal of Deliberative Democracy, 16（2）, 2020, pp. 89-95。『日常生活と政治 ── 国家中心的政治像の再検討』（編著，岩波書店，2019年），「『自由民主主義を越えて』の多様性」年報政治学 2019-II 号（2019年），『熟議民主主義の困難 ── その乗り越え方の政治理論的考察』（ナカニシヤ出版，2017年）

池田　弘乃　山形大学人文社会科学部教授
主要著作：『ケアへの法哲学 ── フェミニズム法理論との対話』（ナカニシヤ出版，2022年），『クィアと法 ── 性規範の解放／開放のために』（共編著，日本評論社，2019年），「フェミニズム法理論と感情 ──『法外な感情』を手がかりに」法哲学年報 2021（2022年）

堀江　有里　公益財団法人世界人権問題研究センター専任研究員
主要著作：『レズビアン・アイデンティティーズ』（洛北出版，2015年），『「レズビアン」という生き方 ── キリスト教の異性愛主義を問う』（新教出版社，2006年），『クィア・スタディーズをひらく 第1巻〜第3巻』（共編著，晃洋書房，2019-2023年）

信山社
法と哲学新書

法律婚って変じゃない？
結婚の法と哲学

2024（令和６）年６月30日　第１版第１刷発行

©編著者　山田八千子
発行者　今井貴
稲葉文子

発行所　㈱信山社
〒113-0033　東京都文京区本郷6-2-9-102
電話　03(3818)1019
FAX　03(3818)0344
Printed in Japan

印刷・製本／藤原印刷

ISBN 978-4-7972-8344-0 C3232

人類と書物の受難の時代に——〈法と哲学〉新書の創刊に寄せて

井上達夫

人類は受難の時代を迎えている。パンデミック、戦争など、古くからの危機の拡大や再現に加えて、地球環境問題・エネルギー問題、ITの高度化による情報操作・情報統制の容易化と情報世界の分断化・仮想化、AIの進化による人間的知能の劣位化、バイオ・テクノロジーの進歩による人間存在そのものの遺伝的操作など、科学技術と産業文明の発展がもたらした新たな危機が現出している。このような時代にこそ、我々は自らが直面する問題状況を、とりわけ「不都合な真実」を、冷厳に直視し、それへの対処の方途を模索するために、深く広く思考しなければならない。

残念ながら、個人の「経験知」は狭隘たるを免れない。だからこそ、我々の思考を拡大深化させる「知の糧」として書物が不可欠である。しかし、いまや若者だけでなく年長者にも「本離れ」が進んでいる。SNSの普及もその一因のようである。ツイッターの一四〇字（半角二八〇字）以内という字数制限を超える「長い文章」を読むのに苦痛を覚える人が増えているという。人類の受難の時代は同時に、書物の受難の時代である。米国でトランプ元大統領がツイッターで発信するデマとヘイトスピーチに扇動された人々は、根拠なき選挙不正陰謀説を信じ込み、国会議事堂襲撃の暴挙にまで及んだ。この事件が象徴するように、書物の受難の時代の背景にある情報世界の変質は、民主主義の自壊という人類の政治的危機とも直結している。

人類社会の危機は、社会秩序が根底から揺さぶられる危機であり、まさにそれゆえに、人間の社会秩序形成の重要な役割を担ってきた法の危機でもある。人類に突き付けられた困難な課題の挑戦に応じるために、法そのものの在り方、その可能性と限界とを哲学的・根源的に問い直し、新たな社会秩序・世界秩序の形成において法が果たし得る、そして果たすべき役割を再検討する必要がある。

さらに、人類社会の危機は、その発生・進行に知らず加担している市井の人々自身が自覚し、自ら対峙しようとしない限り克服できない。本離れしつつある人々も読んでみたくなるような分かり易い言葉で問題を提起し、それについて自ら考え他者と論議する実践へと読者を誘うような書物、栄養価が高いだけでなく、食べやすくて美味しい「知の糧」となる書物を、購入しやすい価格で提供することが求められている。〈法と哲学〉新書は、「人類の受難の時代」における社会秩序と法の再編という根本的な問題を、「書物の受難の時代」に生きる人々が共に考え、共に議論するための「知の糧」を提供する企てである。この新書シリーズが、多くの人々に、その食指を動かしめ、味読されることを願ってやまない。

二〇二二年五月